작가 본연의 글맛을 살리기 위해

한글 맞춤법에 맞지 않는

일부 표현을 수정하지 않았습니다

당신의 마인드가 당신의 미래다

당신의 마인드가 당신의 미래다

허정호 · 슬아 · 김지연

마음세상

프롤로그

이 책은 출판사 기획 공동저서 프로젝트로 만들어 졌습니다. 주제는 '마인드'입니다.

허정호 작가의 글은 정말 배울 점이 많습니다. 겸손 하고 친근한 문체로 다가오는 그의 글은 사실 내적으 로 매우 단단합니다. 좋은 영향을 주는 글로 많은 분 들에게 새로운 영감을 부여할 것입니다.

슬아 작가의 글에는 편안한 '쉼'과 뚝심 있는 '정진' 이 있습니다. 직장 생활에 지쳐 있는 현대인에게 힘을 주는 글입니다. 그녀의 책, 《퇴근 후에는 건방지게 살 고 싶습니다》를 통해 인생에 대한 위트 있는 고찰을 읽어볼 수 있습니다.

김지연 작가는 인생에서 필요한 마인드를 제시합니다. 글을 읽어가면서 새로운 자신만의 마인드를 만들어보십시오.

공동저서 프로젝트

http://blog.naver.com/maumsesang

Chapter 1 허정호의 마인드

'습관으로 만드는 꾸준함'

Chapter 2 슬아의 마인드
'이미 너는 너를 사랑하고 있다'

Chapter 3 김지연의 마인드

'마인드 만들기'

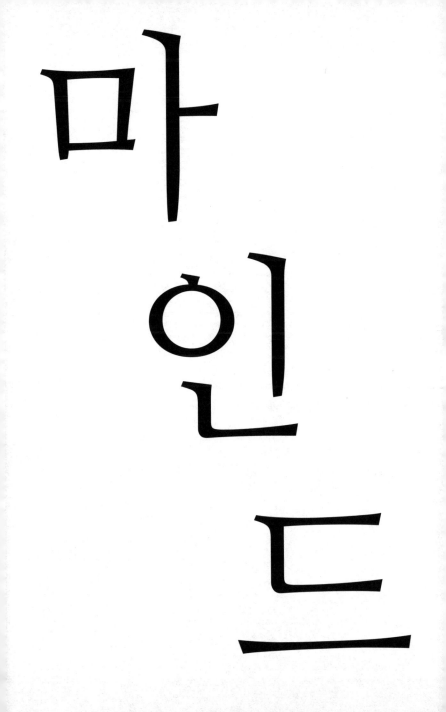

Chapter 1.

허정호(우랑이아빠 육아왕)

습관으로 만드는 꾸준함

게임 중독, 흡연, 매일 저녁 반주까지, 온갖 나쁜 습관들로 물든 삶을 그저 흘러가는 대로 살아갔다. 게임 중독에 빠져 세상과 단절된 채 세간에 떠들썩한 큰 이슈들을 뒤늦게 알았다. 술자리에서 대화에 끼지 못하고, 담배를 피우며 몰래 검색한 내용을 대충 기억해 호응하려 애썼다.

결혼하고 싸움은 항상 같은 이유로 했다. 아내는 흡연과 매일 반주를 하는 내가 못마땅한 것이다.

그러던 중 우리 가족에게 큰 변화가 생겼고, 나는 달라지기 시작했다.

마인드를 바꾸고 보니 내가 달라진 것이다. 한 번의 큰 변화보다 작은 시작이 서서히 나를 변화시켰다. 더 이상 흡연과 음주 때문에 싸우지 않게 되었고, 새 삶을 살아가고 있다.

마인드를 바꾸고 보니

내가 달라진 것이다.

한 번의 큰 변화보다

작은 시작이 서서히 나를 변화시켰다.

변화의 이유

'아, 난 이제 끝났다.'

계획대로 딸아이가 생겼다. 내가 아빠가 된다니, 기쁨, 걱정, 설렘 등 내가 아는 모든 감정들이 떠올랐다. 주변에서 이어지는 축하 인사, 이어지는 지인들의 삶의 조언을 나 역시도 받았다.

'산부인과 정기검진은 항상 같이 가줘야 해.', '집안

일은 남편 몫이야. 이때 잘못하면 평생 욕먹는다' 등 임신 기간 지켜야 할 주옥같은 말들을 기억하며 멋진 남편이 되려고 했다.

정신없이 흐르던 임신 초기에는 아내와 같이 앞으로의 계획을 세웠다. 여느 남편들과 같이 '이제 진짜 자유는 끝이다.'라며 술잔으로 매일 밤을 보낸다.

'아, 난 이제 끝났다.'

이 말을 몇 번이나 반복했는지 기억도 안 난다. 결혼 전에도 이러지 않았나?

아내가 입덧을 시작하며 스스로 나에게 현타가 왔다.

괜찮은 어른이 되기 위해

마음만은 청춘. 옛 어른들이 자주 쓰던 말이다. 왜

이런 말을 했는지 이제 알겠다. 몸만 컸지, 정신은 아직 10대 그대로인데. 아니, 40에 가까워지는 지금 노후화되고 있는 게 정확한 표현이겠다.

이런 내가 아빠가 된다니, 정말 큰일이다. 아이가 태어나기 전까지는 실감이 나지 않았다. 10대에는 게임 중독에 빠져 살았고, 20대에는 게임과 술, 결혼 전까지 30대에는 욜로로 살았다.

나 같은 사람도 아빠가 될 수 있을까? 아이가 생기면서 갑자기 부모님 생각이 났다. 날 언제부터 키우셨는지 계산을 해보았다. 내 나이면 이미 초등학생이더라. 도대체 어떻게 키우신 걸까? 힘들게 살아온 세월을 물려주지 않으려 고생하신 부모님을 생각하니, 눈앞이 아른거렸다. 방법은 잘 몰랐지만, 좋은 것만 해주려 노력하셨던 것이 생각난다. 그래서일까, 나도 태어난 김에 부모가 되기보다 괜찮은 어른이 되려고 한다. 부모님은 나에게 헌신해 주셨고, 나는 더해서 우리 아이에게는 건강한 마인드를 물려주려고 한다.

혼자일 때는 이기적인 생각만 했던 내가 지금은 국가와 환경에 관하여 걱정을 하게 되었다. 내 아이가 살아갈 세상이니, 단 한 명이라도 긍정적인 영향을 주고 싶다. 서로 한 명씩 좋은 영향력을 끼치면 좋은 아빠, 엄마가 되고, 그 자녀들도 좋은 아이들로 자랄 것이다. 그렇게 내 아이가 사는 세상이 좀 더 밝은 세상이 되지 않을까 생각한다.

'계속 시도해 보는 거지, 뭐.'

임신 준비 기간 금연을 시작했다. 건강하게 태어날 우리 아기를 위해 결심했다. 금연에 성공한 사람들에게 방법을 물었다. 그중 한 친구가 말한 게 기억이 남는다.

"계속 시도해 보는 거지, 뭐".

나는 도화지 같은 사람이다. 도화지 같은 사람은 무엇이든 받아들일 준비가 된 순수한 사람이다. (아는 게 없다는 말이다.) 나도 계속 시도했다. 어느 날은 하루 만에, 어느 날은 작심삼일에 그치기도, 술김에 다시 담배를 물기도 했다. 그러다 보니 나를 잘 아는 지인들에게 '네가 무슨 금연이냐?'라는 말을 듣기 일쑤였다.

그래도 꿋꿋이 금연을 시도했고, 어느덧 금연 2년 이상 성공하고 있다. 성공 비결은 일단 시작하고 주변에 알리는 것이다. 실패와 비난이 두려워 알리지 않으면, 금연도 흐지부지되기 쉽다.

목표를 세워보자

원하는 것을 시작하기 전 준비 단계에서 가장 중요한 것은 무엇일까? 체력, 장비, 정보? 나는 목표라고 생각한다. 목표가 없으면 방향을 잡기 어렵고 금방 지치기 마련이다. 하지만 목표를 너무 높게 잡아도 금방 포기하게 된다. 자신의 메타인지를 통해 내가 달성할 수 있는 작은 목표부터 시작하는 것이 중요하다. 계단식으로 작은 목표를 세우면 최종 목표까지 달성할 수 있는 힘이 생긴다.

런닝을 예로 들어보자. 목표지를 정해두지 않으면 몸도, 정신도 금방 지쳐서 달릴 수 없게 된다. 예를 들어, 풀코스 마라톤에 도전한다는 목표를 세워보자. 메타인지를 통해 현재 내 상태를 점검해 보자. 5분만 뛰어도 힘이 드는가? 그렇다면 최종 목표를 세우고, 계단식으로 작은 목표를 설정하자. 작은 목표를 이루면 성취감도 생기고, 매주 발전하는 나를 볼 수 있다. 목표는 시각화하는 것도 좋은 방법이다. 나는 단기 목표를 프린트하여 냉장고에 계획을 붙여놓고 매일 보고 있다. 또, 계획보다 무리하지 않는 것도 중요하다. 오버페이스를 하다 보면 금방 지치기 마련이다.

원하는 것을 시작하기 전 준비 단계에서
가장 중요한 것은 무엇일까?
체력, 장비, 정보?
나는 목표라고 생각한다.
목표가 없으면 방향을 잡기 어렵고
금방 지치기 마련이다.

독서로 동기부여 받기

'일단 청소부터 시작'

입덧으로 고생하는 아내를 보자니 정말 마음이 아팠다. 넉넉한 형편이 아닌 우리는 출산 후에 경제적으로도 걱정이 되었다. 어느 날 이런 생각이 들었다.

'나, 지금 이대로 아빠가 될 수 있을까?'

변화를 위해선 동기부여가 필요했다. 동기부여 또한 배움으로부터 시작된다고 생각한다. 그래서 닥치는 대로 책을 읽었다. 평소 만화책과 웹툰 말고는 글을 읽지 않았던지라, 독서 습관을 갖는 건 힘들었다. 처음 책을 읽기 위해선 많은 준비가 필요했다. 주변이 더러우니 집안을 청소하고, 배고프면 집중이 안 되니 밥을 먹고, 그냥 보면 불편하니 팔을 지지할 쿠션도 준비해야 한다. 그러고 나서 책을 집어 들면 피곤해서 자야 할 시간이다.

'독서대도 구입해야 할까?'

'판타지 보니?

독서 습관의 시작은 '책을 보기'였다. 베스트셀러, 스테디셀러, 추천 도서 등 여러 책들을 읽었다. 지금 생각해 보면 내 지식 수준에 맞지 않았던 책들도 많았다. 주식투자를 한다며 한 투자 관련 책을 읽었다. '책을 보았다'라는 말이 맞을 정도로 기억이 하나도 나지 않았다. 휘발성이 강하다지만 중대형차 휘발유가 날아간다면 이 정도일까. 그래도 독서습관을 기른다고 책을 보며 잠들던, 딴생각을 하던 책장을 계속 넘겼다. 그 좋아하던 게임과 동영상 플랫폼 신작도 모두 끊고 말이다.

최근에는 스마트폰으로 이북을 쉽게 볼 수 있어서 독서 습관을 갖는데 도움이 된다. 엘리베이터 기다릴 때, 회사에서 회의 참석하는 데 대기할 때, 밥을 빨리 먹고 기다릴 때 등 여유 있게 보고 있으면 습관화하는 데 도움이 된다. 어느덧 습관이 들어 책이 조금씩 읽히기 시작한다. 일단 쉬운 책부터 읽어보고 나만의 독서 방법을 찾아보자. 엘리베이터에서 이북을 보고 있자니 옆에서 직장 동료가 묻는다.

'판타지 보니?'

'집에서는 종이책으로'

이북으로 습관을 들였지만 가끔은 멍하니 보고 있을 때가 많다. 그래서 종이책으로 읽는 것을 선호한다. 외출 시에는 휴대성이 좋은 이북으로 읽게 되지만, 집이나 여행을 갈 때는 종이책을 꼭 챙기는 편이다. 영상 매체가 범람하는 시대에 종이책은 그 자체로 특별한 감성을 지니고 있는 것 같다. 전자기기로 책을 읽을 때는 눈이 쉽게 건조해지고 피로해지지만, 종이책은 그런 걱정을 할 필요가 없다. 무엇보다도 종이책의 가장 큰 장점은 주변 환경의 방해를 덜 받아 집중력이 향상된다. 전자기기로 독서를 하다 보면 갑자기 떠오르는 생각이나 연락 등으로 인해 집중력이 흐트러지기 쉽지만, 종이책을 읽을 때는 오로지 책에만 집중할 수 있기 때문이다. 고유의 감성, 눈의 피로 감소,

집중력 향상 등 다양한 장점을 지닌 종이책은 여전히 독서에 있어서 가장 좋은 매체라고 생각한다.

'브로콜리 좀 먹어'

나는 편식쟁이다. 읽고 싶은 책만 읽는다. 자주 읽는 책 종류는 '육아, 재테크, 자기 계발서, 심리, 인간관계' 등 이 있다. 최근에는 글쓰기, 알고 싶은 정보들에 대한 책들도 가끔 읽는다. 독서를 하기 위한 책을 읽다 보면 다양한 책을 읽기를 권한다. 다양한 분야의 책을 읽으면서 새로운 지식과 경험을 쌓고, 자신의 생각을 넓히는데 도움이 된다. 하지만 내 관심 밖의 책들을 읽어봤지만 집중이 안 되더라. 역시 고기도 먹어본 사람이 안다고, 편식하던 사람이 갑자기 다양한 음식을 먹기 어렵더라. 어제 아내에게 소시지 볶음에 있는 브로콜리를 먹으라고 구박했던 내가 생각난다.

'북 마스터'

　몇 개월 전 XX의 서재에서 '북 마스터'로 선정되었다. '책 읽는 사람이 이렇게 없나?'라는 생각이 들기도 했지만, 한편으로는 내가 블로그에 육아 서적 포스팅을 하기 때문에 선정된 것일 수도 있겠다는 생각이 들었다. 블로그를 운영하면서 가끔 이런 새로운 일들이 생기곤 한다. 나에겐 신선한 동기부여와 자극이 되어 더욱 열심히 책을 읽고, 블로그에 글을 쓰게 된다. 북 마스터로 선정된 이후에는 이전보다 더 다양한 분야의 책을 읽게 되었다. 매달 주어진 3권의 책을 기간 내에 읽고 후기를 작성해야 하기 때문이다. 후기는 한 줄만 작성하면 되고, 3권 중 1권의 책을 종이책으로 나누어준다. 새로운 분야의 책을 읽는 것은 쉽지 않지만, 목적이 있다 보니 집중해서 읽게 된다. 가끔 육아 서적 서평 의뢰도 들어오니, 우리 아기 장난감 체험단에 선정되는 것보다 기분은 좋더라.

시작이 반이다

'얼마나 버니?'

'XX전자 연봉인상률 XX%', ' XX자동차 성과급 XXX%..

반도체는 호황이고 수출은 역대 최대라고 연신 뉴스가 나온다. 작은 기업에 다니는 직장인으로 괴리감이 느껴질 수밖에 없다. 연봉 협상은 연초에 간단한 팝업창 하나만 확인하면 끝이다. 성과급은 기대할 수가 없다. 가만히 있는데 다른 세상 뉴스로 자괴감이 드는 시기다.

'보너스는 글렀고, 나도 부업이나 해 볼까?'

생각했다. 하지만 이것저것 걸리는 게 많았다.

아내가 임신을 하고 아기용품이라도 받아보자는 마음에 블로그를 시작했다. 생각보다 어렵지 않았다. 맛집이나 임신 정보, 온갖 용품들을 리뷰하며 시작했다. 조회수 100명이 꾸준히 찍히며, 주변 맛집 체험단도 가끔씩 선정되기 시작했다.

어느덧 조회 수 1,000명 이상이 매일 찍히며, 대수롭지 않게 여겼던 블로그로 효과를 보니 아내도 점점 관심이 생기나 보다. 지금은 육아용품이 떨어지거나 필요한 게 있으면, '이거 협업 안 들어와?'하고 묻는다. 정말 소소하지만 소정의 광고비도 들어와서 매달 치킨은 공짜다. 스마트폰과 노트북이 있고 한두 시간만 투자하면 누구나 가능하니, 안 할 이유가 없다.(사실 폰 하나만 있어도 가능하긴 하다.) 생각이 있다면 블로그를 바로 시작하길 추천드린다. 정말 좋은 거라 주변인들에게 추천해 봤지만 돌아오는 대답은 한결같았다.

'한 달에 얼마나 버니?'

'내가 존경받을 사람인가?'

항상 실패했던 패턴이다. '모든 걸 완벽하게 준비가 될 때까지 기다리고, 상황이 되지 않아 포기하기.' 이번에는 다를 거라 준비해 보지만 다시 반복되는 실패 경험.

하지만 블로그는 필요한 게 없었다. 폰 하나만 있으면 시작할 수 있단다. 평범한 직장인에, 재능이라곤 1

도 없는, 평범보다 조금 더 못한 나도 할 수 있단다. 책을 여러 권 읽어보고 무엇이 필요한지 사전 조사를 했다. 내용은 알겠는데 저자 이력을 보니 역시나 평범한 것보단 똑똑한 사람들이 책을 출간할 정도로 성공한 것 같다.

'아, 이제 포기할 일만 남았구나.' 할 때쯤, 글 하나를 용기 내어 작성해 봤다. 바로 부모님 세금 신고를 도와드리며 작성한 첫 포스팅이 누적 1,000명이나 봐준 것이다. 이후 운이 좋게도 블로그를 하고 있는 지인의 도움을 받아 계속하게 되었다.

1년이 넘도록 하루도 빠짐없이 1일 1 포스팅을 실천해 왔고, 그 꾸준함으로 지인에게 존경하는 사람 세 명 중 한 명으로 꼽히게 되었다. '내가 존경받을 만한 사람인가?'라는 생각이 든다. 뻔한 클리셰지만, 역시 '시작이 반'이다.

'침구는 군대처럼
각을 잡을 필요는 없다'

　시작을 했으면 이후는 습관화다. 사실 시작도 어렵지만 습관화는 더 어렵다. 이제 익숙해졌다가도 방심하는 순간 다시 시작하기란 정말 힘들기 때문이다. 자기 계발서를 읽다보면 두 권에 한 번은 나오는 해군 장교 이야기가 있다. 일어나서 침구를 정리하는 일이다. 습관화하기 위해 작은 목표를 잡아 실행하고 성취감으로 하루를 시작한다는 아주 긍정적인 실천법이다.

　블로그도 이에 못지않게 작은 목표로 습관화하기 좋은 시스템이 있다. 바로 '임시 저장'과 '예약 발행'이다. 이 기능들이 없었다면 1년 동안 1일 1 포스팅은 불가능했을 거다. 예산에 포함하지 않아 나가는 목돈처럼, 생각지도 못한 일들이 생기기 때문이다. 미리 '예약 발행'을 해두면 이 기간에 자동 발행이 되며, 글을 쓰기 싫을 때는 예약해둔 만큼 여유를 가질 수 있다.

침구는 군대처럼 각을 잡을 필요는 없다. 그렇게 하면 매일 실천하기 어려울 것이다. 블로그도 마찬가지다. 처음부터 너무 많은 에너지를 쏟지 마라. 어차피 검색 상단에 오르기 어렵고, 매일 힘을 쏟아부으면 금방 지칠 것이다. 메인 디시를 위해 애피타이저를 먹으며 기다린다고 생각하자. 작은 목표여야지 시작하고 습관화할 수 있다. 블로그 시작이 두렵거나 궁금한게 있으면 언제든 메일로 주시길 바란다.

'방구석 육아왕이 되다'

블로그를 하며 몇 가지 성과가 있다. 목표했던 육아용품 협찬, 작지만 금전적인 부분, 육아에 대한 정보와 지식 등이다. 그중에서 손에 꼽자면 '성취 마인드'라 할 수 있다. 특별할 것 없이 무난하고 재미없던 삶을 살고 있었다. 이것은 나의 부캐가 되며 삶에 활력을 불어넣어주고 있다.

생각지도 못했던 육아용품 중 고급 장비인 아기띠, 유모차까지 협찬을 받았다. 블로거로 집안에서 나의 위상은(아내와의) 높아지고 자신감을 얻는 계기가 되었다. 수십 권의 육아책을 읽고 포스팅하며 육아에 대한 해박한 지식도 쌓았고, '방구석 육아왕'이 되었다. 같은 시기 출산한 직장 동료와 이야기를 나누던 중 "아이를 두 명 키우는 것 같아요."라고 했더니, "보통 엄마가 그런 말 하지 않아요?"라고 되묻더라.

하지만 블로그는 필요한 게 없었다.

폰 하나만 있으면 시작할 수 있단다.

평범한 직장인에, 재능이라곤 1도 없는,

평범보다 조금 더 못한 나도 할 수 있단다.

습관화 하기

'형, 운동 좀 해.'

어느 추석 차례상에서 절을 하던 날, 무릎에서 '뚜둑' 소리가 났다. 무안했지만 절은 계속해야 했기에 그 소리는 내 귀에 메아리처럼 계속 울렸다.

"형, 운동 좀 해."

20대 후반 시절 차례를 지내러 온 사촌 동생이 눈치 없이 던진 한마디였다. 평생 게임에만 빠져 살아 운동과는 담을 쌓고 지냈었다. 이직한 회사에 적응하고자 축구 동호회에 가입했지만, 그 열정적이던 팀장님마저 나를 포기했으니 말 다 했다.

작고 왜소한 우리 부부가 아이를 키우려면 체력이 필요했다. 육아는 장거리 마라톤이다. 그래서 달리기 시작했다. 매일 뛰기를 목표로 시작했지만 역시나 오래가지 못했다.

'하늘도 돕는 사람'

아이가 자면 달리기 시작했다. 밤에 뛰려니 걸리는 게 많더라. 반주하는 날, 회식 있는 날, 스트레스받은 날, 아내와 싸운 날, 그냥 뛰기 싫은 날, 불금, 주말 저녁 등 뛰지 않아야 될 날은 왜 이렇게 많은지 도통 운동할 시간이 없더라. 그래서 새벽에 뛰기 시작했다.

처음엔 새벽 5시에 기상했다. 새벽엔 핑곗거리가 없어서 오직 나만의 싸움이다. 운이 좋게도 장마 기간마저 내가 달리는 시간에는 비가 그치더라. 하늘도 나를 돕는 것 같았다. 지금은 새벽에 뛰는 날이면 4시에 일어난다. 5시에 달리기를 하니까 아이가 이미 일어나 있어 시간을 변경했다. 육아를 하며 새벽 런닝을 하려면 남편이나 아내에게 양해를 구하고 시작하길 권해 드린다.

'단톡방에 공유하는 두 가지 이유'

새벽 런닝을 하며 달리기 기록을 단톡방에 공유한다. 보통 SNS에 기록도 하지만 나를 드러내는 것을 좋아하지 않아서 가까운 지인들에게만 공유한다. 안 하면 되지 않냐고? 공유하기 시작한 나만의 이유가 몇 가지 있다.

첫째, 나를 채찍질할 수단이 된다. 단톡방에 매일 공유하는 순간 이젠 나만의 싸움이 아니다. 나만의 싸움은 금방 식을 수 있다. 하루를 건너뛰게 되면 그중 한 명은 꼭 묻는다.

'오늘은 안 뛰어?'

이런 말을 듣기 싫으면 처음부터 공유하지 않으면 된다. 하지만 공유를 하면 이런 말이 듣기 싫어 한 번 건너뛸 거 다시 한번 힘을 내게 된다. 혹시 시작하게 되면 SNS나 메신저로 매일 알려 보자. 실패한다 해도 '그럼 그렇지.'라는 소리를 듣겠지만 이것도 한순간이다. 가볍게 넘기자.

둘째, 긍정적인 에너지를 줄 수 있다. 다시 한번 말하지만 나는 어떤 '운동'과도 거리가 먼 사람이었다. 나 같은 사람도 뛰니까 같이 달리는 친구들이 생기더

라. 물론 여러 유형이 있지만 그중 한 명이라도 내가 자극제가 되었다면 정말 잘했던 일 아닐까 생각한다.

'달리기도 배워야 한다고?'

달리는 걸 매일 공유하니 한 친구가 '존 2(Zone2)'로 달리라고 말한다. 여기서 '존 2'는 최대 심박수의 60-70%에 해당하는 중 저강도 운동을 의미한다. 이 말을 듣기 전에는 빨리 뛰고 숨이 차야 운동이 되고 몸에 좋은 것인 줄 알았다. 하지만 달리기에도 효율적이 방법이 있더라. 심박수를 낮추며 천천히 달리니 정말 오래 달릴 수 있게 되었다. 와, 왜 이걸 몰랐지? 이전에 숨차게 뛰면 아프고 힘들어서 다음 날 뛰기 싫었지만, 이제는 힘이 덜 들어 매일 뛰고 싶어졌다. 주말에 오래 달리는 시간이 기다려졌고, 풀코스 마라톤도 뛰게 되었다. 불과 몇 개월 전만 해도 내가 상상이나 할 수 있었을까? 내가 풀코스 마라톤을 도전하다니. 물론 주말에 3시간 이상 길게 뛰려면 아내의 도움도 필요하다. 일요일 아침은 내가 육아 전담이다.

'세 시간 달리면 안 심심해?'

달리면서 몇 가지 느낀 점이 있다.

첫째, 끝맺음이 힘들다. 시작을 하면 끝을 보기 힘들었던 과거. 달리기도 똑같더라. 거리를 목표로 하면 마지막 1km가 힘들고, 시간을 목표로 하면 마지막 10분이 가장 힘들다. 보통 시작하면 목표를 정해놓기 마련인데, 항상 마무리가 문제다.

둘째, 페이스 조절이 필요하다. 반칙으로 메달을 따지 못한 쇼트트랙 '김동성' 선수가 있다. 다음 대회부터는 부딪히지 않기 위해, 초반부터 치고 나가 한 바퀴 이상 차이가 나며 금메달을 획득했다. 이 경기를 보며 대부분 '다른 선수들도 처음부터 치고 나가지.'라고 했을 것이다. 하지만 내가 직접 달려보니 알겠더라. 처음부터 힘을 쓰는 게 장거리에 얼마나 힘이 드는 일인지 말이다. 초반에 오버페이스를 하게 되면 장시간 달리기 힘들다. 자동차가 출발하기 전에 엔진을 예열하는 것처럼, 우리 몸도 운동을 시작하기 전에 충분한 준비가 필요하다. 또한, 자신의 체력과 능력에 맞게 운동 강도와 시간을 조절하여 내 페이스대로 달리는 것이 중요하다.

셋째, 어떤 일이든 성장 정체기가 있어 굴곡을 벗어나기까지가 힘들다. 지루함, 조급함 때문에 마치지 못하고 져버리게 된다. 하지만 달리기는 내가 달려왔던 만큼 달리는 거리가 늘어난다. 적절한 휴식을 통해 부상만 조심하자. 물론 어느 정도 경지에 오르거나 기록을 목표로 한다면 다르겠지만, 달리기에 스트레스 없이 즐기고 있다면 매주 달라지는 나를 볼 수 있다.

달리는 걸 공유하다 보면 '세 시간 동안 달리면 안 심심해?'라고 물어본다. 이어폰도 불편해서 사용하지 않지만 심심하지 않다. 달리면서 혼자 사색할 시간을 갖는다. 달리다 보면 머리가 맑아지고 긍정적인 생각도 많이 하게 되었다. 아무 생각 없이 달릴 때도 있고, 내 페이스에 맞는지 확인도 하다 보면 지루할 틈이 없더라. 사색은 명상 등의 방법도 있겠지만 나한테 맞지 않더라. 잡생각을 밀쳐내다 보면 생각할 시간이 없었다.

달리면서 혼자 사색할 시간을 갖는다.
달리다 보면 머리가 맑아지고
긍정적인 생각도 많이 하게 되었다.

새벽의 성취감

'새벽에 일어나면 안 피곤해요?'

새벽 4시에 하루를 시작한다. 이를 알게 된 지인들은 종종 묻곤 한다.

"새벽에 일어나면 안 피곤해요?"

미라클 모닝은 예전부터 있었지만 아이가 태어나면서 시간관리의 중요성을 깨달았다. 새벽 기상을 하는 이유는 변수가 적기 때문이다. 할 일을 하다 보면 하루가 다 지나가 있고, 저녁에는 약속이 있거나 힘이 부쳐 아무것도 하기 싫을 때가 많다. 꼭 하지 않아도 되지만, 나에게 중요한 일을 먼저 끝내 놓고 하루를 시작한다. 이렇게 아침 성취로 시작한 하루는 긍정적인 하루를 보낼 수 있는 힘이 된다.

보통 새벽 4시에 일어나서 스트레칭, 런닝, 짧은 독서 또는 일기를 작성하며 보낸다. 독서는 아이가 일어나는 시간에 따라 유연하게 한다. 아침에 신문을 보려 했으나, 종이책을 접할 시간이 부족해 신문은 모바일을 이용해 주로 보는 편이다. 아내가 일어나면 간단히 침구를 정리하고, 아이에게 그림책을 단 한 권이라도 읽어준다. 늦은 귀가를 하는 날에는 읽어주지 못할 때도 있기 때문이다.

새벽 루틴 중 가장 좋아하는 것은 역시나 런닝이다.

보통 집 근처 3~4km 정도 되는 호수공원을 달린다. 특히 주말 런닝을 가장 좋아한다. 새벽 4시부터 아침이 밝을 때까지 달리다 보면 시시각각 변하는 풍경을 볼 수 있다. 날씨가 좋던 나쁘던 변하는 모습은 가끔 소름이 돋을 때도 있다.

'내 삶은 패배 의식으로'

자기 계발서 책을 덮으며 의욕이 충만해졌다. 자, 이제 나도 시작해 보자. 신경 쓰지 않았던 작가 이력을 봤다. '아, 평범하다고 했지만, 역시나 대단한 사람이었구나.' 생각하며 의욕을 접는다. 이렇게 나도 모르게 패배 의식이 뿌리깊게 박혀 있었다. 무얼 시작하던지 '내가 되겠어?'라는 말이 꼬리표처럼 머릿속을 맴돌았다. 같은 것을 시작해도 항상 쉽게 포기하고, 최선을 다하지 않았던 이유다. 비겁하게 시작하기 전부터 포기하고 이유를 만들면 마음은 편하기 때문이다. '그래, 난 할 수 없어.'라고.

아이가 생기며 동기부여가 생겼고, 한 번의 시작이 격려와 칭찬으로 나에게 도움이 되었다. 그리고 나에게도 재능이란 게 있는지 알게 되었다. 블로그를 시작하며 내 재능은 '꾸준함'이란 걸 알게 되었다. 이전에는 엉덩이가 무척 가벼운 편이었으며, 집중력은 술잔에 담긴 알코올처럼 순간 없어졌다. 계획한 게 있다면 당장 작은 목표라도 실천하고 주변에 알려보길 바란다. 9번의 비판과 조롱이 있겠지만, 단 한 번의 칭찬이 들어올 것이다. 한 번의 격려가 나를 변화시키고 움직이는 원동력이 될 것이다.

성취감으로 시작된 새벽 루틴은 내 하루를 긍정적으로 시작해 주고, 마음에 여유가 생긴다. 나도 영감을 주는 사람이 되려면 무엇이든 격려해 보자.

'나이 탓'

전날 밤을 관리하게 되었다. 매일 저녁 반주를 즐겨 아침에 일어나기 힘들어했다. 모두가 일찍 일어난다고 성공하는 것은 아니지만, 성공한 사람들은 대부분 일찍 일어난다고 한다. 이 말이 나에게 자극이 되었고, 새벽 기상을 목표로 하면서 반주를 자제하게 되었다.

매일 다음날을 생각하며 계획을 세우고 일찍 잠들며, 규칙적인 생활을 시작했다. 언제부터인가 내가 아침에 일찍 일어나고 부지런한 사람으로 인식되기 시작했다. 주변 사람들도 나를 보며 "원래 일찍 일어나니까"라는 말을 많이 했다. 인식이란 참 무서운 것이었다. 나는 회사에도 가장 늦게 출근하는 사람 중 한 명이었는데, 지금은 원래 일찍 일어나는 사람이 되었다. 이 경험을 통해 주변에도 당연시하게 생각했던 것들도 다시 한번 돌아보게 되었다. 재능이나 원래 그런 것이 아닌 노력의 결과물이라는 것을. 일찍 일어나는 것은 나이 탓도 있어 보인다.

'잠은 깨야하니까'

새벽에 일어나려고 결심했는데 무얼 할지 모르겠는가? 몇 가지 내가 알고 있는 성공한 사람들의 루틴을 알려주겠다. 명상을 하고, 스트레칭과 가벼운 조깅, 신문 읽기, 독서하기 등이 있다. 급한 일이 아니지만 중요한 일들을 새벽에 해보는 것이다. 참고로 나의 새벽 루틴을 공유해 보겠다. 새벽 4시에 일어나면 가벼운 스트레칭을 하고 조깅을 나간다. 이후 독서를 시작하고, 아기가 깨어나면 아내가 출근 준비를 마칠 때까지 아기를 본다. 이제 첫 돌이 지난 아기를 육아 중인 특수성에 맞추어 루틴을 잡았다. 처음 신문 읽기 루틴으로 시작했다. 명상은 몇 주 해보았지만 나에겐 아까운 시간이었다. 동기부여가 부족했나 보다. 훗날 아이가 자라서 시간이 더 생긴다면 시도해 볼 생각이다. 4시 기상 직후 스트레칭 전에는 웹툰부터 보고 침대에서 일어난다. 잠은 깨야 하니까.

성취감으로 시작된 새벽 루틴은

내 하루를 긍정적으로 시작해 주고,

마음에 여유가 생긴다.

나도 영감을 주는 사람이 되려면

무엇이든 격려해 보자.

마인드의 힘

'너라서 하는 거야'

새벽의 삶을 시작하고 알리며 다양한 반응을 접하게 되었다. '대단하다'며 격려해 주는 이들도 있었고, '나도 같이 해봐야겠다'며 변화를 시도하는 이들도 있었다. 반면에 '너라서 쉽게 하는 거야.' 라거나, '나는 이래서 안 돼.'라며 포기하는 이들도 있었다. 이러한

다양한 반응을 통해 사람들의 생각과 태도가 얼마나 다양하고 중요한지를 깨닫게 되었다.

좋은 습관을 들이기 위해서는 먼저 무언가를 '시작' 해야 한다. 시작을 위해서는 변화하고자 하는 '마인드'가 필요하다. 마인드를 바꾸는 것은 쉽지 않지만, 독서를 통해 다양한 관점과 지식을 습득하면서 변화를 위한 마인드를 갖출 수 있다. 독서는 우리의 생각과 태도를 변화시키고 동기부여를 받는데 도움을 준다.

생각의 전환

아침부터 단톡방이 울렸다. 사진 한 장이 올라오며 오늘의 운동 기록을 보여주었다. 두 살배기 아이 킥보드를 태워주며 운동한 것이다. 최근 둘째 아이가 태어난 내 친구 이야기다. 운동할 시간이 없어 아이와 놀아주며 짬을 내어 운동한 것이다. 잠자리에 예민한 친구라 시간이 없다는 말이 공감이 되는데, 생각을 전환하여 활용하는 게 대단하다.

나는 책도 좋지만 이렇게 지인들에게도 영향을 많이 받으려 노력하는 편이다. 아무리 부정적인 사람도 나와 가까워지면 사람마다 배울 점은 한 가지씩 있기 마련이다. 단점으로 만들어진 나를 발전시키는 변화시키는 계기가 된다. '생각의 전환'은 어려운 것이 아니다. 조금만 다르게 생각하면 누구나 할 수 있다. 부정적인 생각을 인식하고, 긍정적으로 생각해 보는 것이다.

'좋아하는 일 vs 해야만 하는 일'

우리는 종종 '좋아하는 일'과 '해야만 하는 일' 사이에서 고민한다. 어떤 사람들은 자신이 좋아하는 일을 하면서 행복을 느끼고, 어떤 사람들은 자신이 해야만 하는 일을 하면서도 성취감을 느낀다.

하지만 우리가 좋아하는 일이 무엇인지 정확히 알기란 쉽지 않다. 도대체 내가 좋아하는 일은 뭘까? 생후 40년 가까이 돼 가지만 내가 좋아하는 일은 알 수 없다. 모두가 좋아하는 일을 찾는 것은 아니며, 유명인이 되는 것은 아니다. 좋아하는 일을 찾지 못해도, 일로서 행복하지 않아도, 해야 할 일을 하면서 행복해질 수 있다고 믿는다. 좋아하는 일이 없다면, 할 수 있는 일, 해야만 하는 일을 하며 지내보자. 좋아하는 일만 찾다가 시간을 허비할 텐가? 일을 수단일 뿐 내 전부는 아니니 뭐라도 해 보자.

'번아웃을 극복하는 방법'

아무것도 하지 않는다. 너무 뻔한 이야기인가? 하지만 아무것도 하지 않을 때도 나름 규칙이 있다. 그동안 보지 못했던 영화나 웹툰 등을 하루 종일 보거나, 술을 마시고 푹 자는 것이다. 드라마를 보거나 게임은 하지 않는다. 호흡이 길어 잔상이 남기 때문이다. 그리고 다음 날은 최대한 읽기 편한 자기 계발서를 골라 읽고 다시 동기부여를 받는다. 슬럼프도 최대한 짧게 가져가려는 나만의 루틴이다.

나는 나 자신을 잘 안다. 드라마에 빠지면 끝장을 봐야 하고, 게임을 시작하면 다시 절제하기까지 수일이 걸리기 때문이다. 사실 이제는 이런 루틴도 꿈만 같은 이야기다. 딸아이가 태어나면서 내가 번아웃이 왔다고 하루 종일 빈둥거릴 순 없으니까. 요즘에는 아기가 잠이 들 때를 이용하는 편이다. 문제는 번아웃이 자주 온다는 것이다.

변화를 위한 세가지

변화를 추구하는 것은 언제나 어려운 일이다. 딱 한 번만 작은 변화부터 시작하여 그것을 습관으로 만들면 두 번째, 세 번째는 시작하기 어렵지 않다. 생각을 변화했다면 습관화하기까지 내가 생각하는 중요한 세 가지는 다음과 같다. 바로 시작하기, 공표하기, 습관화하기다. 첫째, 작은 목표를 세웠다면 시작을 해야 한다. 처음에는 어렵고 힘들 수 있지만, 일단 시작해야 이후 스탭을 진행할 수 있다. 두려워하지거나 자책

하지 말고 계속 시작하자. 둘째, 공표하기다. 시작한 것을 주변 사람들에게 알리는 것은 중요하다. 공표를 통해 목표를 더욱 명확하게 하고, 주변 사람들의 지지와 격려를 받을 수 있다. 또한, 보다 쉽게 포기하지 않고 더 노력하게 된다. 때에 따라서 '그럴 줄 알았어.'라는 비난도 받을 준비가 되어야 한다.

셋째, 가장 어려운 단계는 습관화하는 것이다. 습관화를 위해서는 꾸준한 노력과 인내가 필요하다. 시간이 지나 자연스럽게 습관이 되었더라도 방심한 사이 원래의 습관으로 돌아갈 수 있기 때문이다. 실천할 수 있는 작은 목표를 세우고, 그 목표를 향해 첫 발을 내디뎌보다. 그리고 그 과정을 주변 사람들에게 알려서 지지와 격려를 받고, 꾸준한 노력과 인내로 습관화를 이루어 목표를 달성해 보자.

아무리 부정적인 사람도

나와 가까워지면 사람마다

배울 점은 한 가지씩 있기 마련이다.

단점으로 만들어진 나를 발전시키는

변화시키는 계기가 된다.

'생각의 전환'은 어려운 것이 아니다.

조금만 다르게 생각하면

누구나 할 수 있다.

부정적인 생각을 인식하고,

긍정적으로 생각해 보는 것이다.

내 인생에 첫 도전

처음부터 풀코스인 이유

인생은 마라톤, 육아도 마라톤, 달리다 보니 진짜 마라톤을 목표로 하게 되었다. 새벽 운동을 할겸 목표하는 게 있으면 좋겠다고 생각했다. 이전에는 직장 동료들과 재미로 10km 마라톤에 참가한 게 전부였지만, 이번에는 하프 코스를 건너뛰고 바로 풀코스에 도전하기로 했다. 이왕 하는 김에 풀코스를 성공하면 더 뿌듯할 것 같았다.

하지만 예약을 하려고 보니, 이미 모든 티켓이 매진되어 있었다. 런닝이 대세라는 것은 익히 알고 있었지만, 풀코스 마라톤이 이렇게 인기가 많을 줄은 몰랐다. 수도권은 물론이고 내가 사는 지역 근처까지 모두 예매가 불가능했다. 결국 할 수 있는 선택지는 KTX를 타고 1시간 30분이나 걸리는 지역이었다. 그래도 예매할 수 있는 게 다행이라고 생각했다. 겨우 목표를 잡았는데 예약을 못해 실행하지 못하는 상실감은 무척이나 슬플것이다.

자고로 목표는 높게 잡아야

첫 마라톤까지 남은 기간 11주. 3개월도 아니고 애매한 시간이다. 계획을 세우기 위해 유튜브를 검색했다. 초심자도 할 수 있는 8주 연습 코스 같은 스케줄이 있어 11주로 늘려서 계획을 만들었다. 매일매일 확인하고 체크할 수 있도록 표로 만들어서 프린트하여 냉장고에도 붙여두었다.

하루하루, 한 주, 두 주 지나며 계획에 빨간 줄을 긋다 보니 냉장고를 볼 때마다 뿌듯해졌다. 훈련량이 가장 많은 토요일 새벽을 위해 불금에도 술은 먹지 않게 되었다. 또 목표를 높게 잡다보니 하프(약20km)거리는 혼자서도 거뜬히 뛸 수 있게 되었다. 만약 목표가 하프였다면 하프를 겨우 뛸 수 있는 체력이 되었을 거라고 생각한다.

자고로 목표는 높게 잡아야 한다는 말이 피부에 와 닿았다. 불가능한 목표를 잡으면 스트레스를 받거나 자신감이 떨어지는 단점도 생길 수 있으니, 목표를 높게 잡되, 현실적으로 가능한 최선의 목표를 잡아야 한다. 연습하는 과정에서 내가 성장하는 게 느껴지고, 연습 자체로 성취감을 느끼고 있으니, 목표를 달성하지 못하더라도 그 과정에서 얻은 경험과 교훈은 다음 목표를 달성하는 데 큰 도움이 될 것이다. 풀코스 마라톤이 불가능하다고 생각하나? 많은 사람이 할 수 있는 건 나도 할 수 있다고 자신감을 가지고 도전해보자. 못하면 어떤가? 난 이미 연습한 만큼 성장해 있을 것이다.

인생은 계획대로

가장 행복하고 고민되는 시간이다. 달리려면 런닝화가 필요하다. 검색을 해보니 런닝화 계급도까지 있더라. 국가대표, 지역대표, 동네대표 등. 신발 종류도 많고, 좋다는건 또 왜 이렇게 많은지, 먼저 달리고 있던 친구의 추천을 받고 런닝화를 구입했다. 덜컥 사고 보니 카본화가 좋다더라. 대회도 나가려면 어차피 사야 될 듯 싶어 카본화도 구입했다.

정신을 차리고 보니 내 알고리즘은 온통 런닝화로 도배가 되어 있었다. 연습을 하다보니 쿠션이 더 좋은 런닝화를 구입하고 싶어졌고, 논 카본화의 정점인 아식스의 슈퍼트레이닝화가 발매된다는 소식을 친구에게 듣게 되었다. 이건 리셀해도 돈을 버는거니 일단 구입을 시도했다. 로또 5천 원짜리도 잘 되지 않는 내가 그 경쟁을 뚫고 구매에 성공했다! 구입 성공해도 리셀할 거라 생각했던 내 마음은 직접 신고 뛰고 싶다는 욕망으로 나뉘어졌다. 아내와도 팔기로 약속했으니 일단 높은 금액에 올려두었다. 당연히 팔릴 일이 없었다. 몇 일간 아내에게 슈퍼트레이너화의 장점과 생각보다 얼마 이익을 못 볼 것 같다는 이야기를 하곤

했다. 결국 이 런닝화는 나에게 돌아왔고, 첫 마라톤도 함께하게 되었다. 비싸게 지불하고 구입한 카본화는 황영조 감독께서 신지 말라고 해 신발장에 고이 모셔두고 있다.

돈이 안 드는 운동?

처음에는 집에 있는 운동화와 회사 동호회에서 받은 운동복으로 런닝을 시작했다. 하지만 풀코스 마라톤도 뛰기로 했고 제대로 해보자니 런닝용품이 점점 필요해진다. 신발만 있으면 된다고? 일단 옷을 기능성으로 구입하고 연습을 했다.

날이 추워지기전에 겨울용품도 미리 사둬야 한다고 한다. 런닝을 하는 사람이라면 누구나 다 아는 갓성비로 유명한 브랜드에서 착한 가격에 방한 용품도 미리 구비해뒀다. 가성비라며 결제할 때보니 금액이 상당하더라. 겨울되면 구하기 어렵다니 미리 준비해서 나쁠 건 없다는 생각으로 위안삼았다.

장거리 달리기에 에너지젤은 필수이고 런닝 조끼, 벨트 등도 필요하다고 한다. 당연히 몇 일간 고민 끝에 어차피 구입할 거 미리 구입한다는 합리화를 하며 구입을 했다. 막상 착용해보니 왜 이걸 이제 구입했나 싶다. 인생을 살며 운동을 해본 적이 없어 '장비빨'이 왜 있는지 새삼 느끼게 되었다. 또, 대회를 나가야하니 마라토너들이 입는 런닝복도 욕심이 나 구입을 했다. 양말도 발가락 양말을 신어야 한다더라. 오래 달리다 보면 발가락이 마찰되어 물집이 잡힌다고. 평소 물집은 잘 잡히지 않았던 나지만 선배님들의 조언을 듣고 양말도 구입했다.

아직도 욕심은 끝이 없지만 런닝이 돈이 안 드는 운

동이라고? 대회 참가비도 상당하다.

에라, 모르겠다.

잘 달리고자 욕심이 생긴 나는 달리는 자세도 검색을 해봤다. 새벽 런닝을하며 전날 봤던 자세를 적용하며 매일 연습을 한다. 달리기 착지법 중 미드풋, 리어풋, 포어풋이라는 게 있단다. 미드풋이라는 이론을 알게 되었을 때, 족저근막염으로 고생했던 나에게 이 이론은 사막의 오아시스였다.

하지만 다른 영상을 보자니 이 이론은 신기루처럼 나에게 떠나갔다. 팔은 자연스럽게 흔들고 두 다리는 롤링을 해야 한다고 하는데, 숨은 코로 쉬는게 좋다고 하고 한다. 다른 곳에서는 자연스럽게 숨 쉬는 것이 좋다고도 하고, 정보의 바다 속에 빠진 나는 에라, 모르겠다. 그냥 뛰어 보련다.

선수가 될 것도 아니고 내 몸은 내가 가장 잘 알기 때문에, 나에게 가장 무리가 가지 않는 자세로 뛰면서 연습을 했다. 자세를 찾는 시간에 한 발자국이라도 더 뛰어보자.

첫 대회 후기

새벽 4시부터 일어나 간단히 배를 채우고 첫 기차를 탔다. 첫 차지만 런닝 대회에 참가하려는 사람들로 분주해 있었다. 기차 안에도 대부분 마라톤 참가를 위한 사람들이었다. 허기진 배를 채우려 바나나 하나를 먹을까 하다 혹여나 냄새가 날까 소심해져 먹는 걸 접고 잠시 잠을 청했다.

기차역에는 역시나 마라토너들로 인산인해를 이루고 있었다. 화장실을 들리려고 하는데 대기줄이 많이 길더라. 10분을 넘게 기다리고 보니 옷 갈아입으려 하는 대기줄이었다. 볼일을 보려면 그냥 들어가도 충분했더라. 정신 없이 짐을 맡기고 나니 대회 시작 시간이 다가왔다. 몸도 풀지 못한 상태에서 옆에 풀코스 참가자들이 무리를 지어 대기열로 들어가고 있었다. 몸을 풀 지는 못했지만 충분히 준비를 해서 완주에 대한 부담은 없었다.

대회가 시작되고 무리를 지어 달리기 시작했다. 뒤에서 노란 풍선을 달고 있는 4시간 페이스메이커가 달리고 있었다. 컨디션도 좋고 살짝 욕심을 내어 Sub4 목표로 달리기 시작했다. 풀코스 절반인 하프를 지나며 힘이 부치기 시작했지만 아직까진 할만 했다. 30km까지는 4시간 페이스메이커를 따라갔지만 점점 멀어지고 있었다. 다리에 마비도 오고 쥐가 날 것 같았다. 이렇게 움직이지 않은 경험은 처음이지 않나 싶다.

이후부터는 인생 드라마가 시작되었다. 혼자서 좌절과 번뇌, 해탈에 이르기까지 달리기의 목적과 즐거움은 없어졌고 자신과의 싸움만 남아 있었다. 점점 한참 뒤에서 봤던 주자들이 나를 앞지르고 지나가기 시작했다. 지나가는 러너들을 보자니 다들 나와 같았고, 어느새 나만 쉽게 걷고 있는 것 같아 자극이 되어 나를 이끌었다.

완주는 했고 기대한 목적은 달성하였다. 아쉬운 점은 첫 대회다보니 오버페이스를 하여 후반에 힘들었던 점이 아쉬웠다. 인생에 비해 짧은 마라톤이지만 42.195km안에 많은 생각과 의미가 부여되는 첫 대회였다. 무엇보다 내 인생에서 스스로가 목표한 것을 이뤘다는 성취감이 앞으로 할 일들에 대해 자신감을 주었다. 이 성취감은 내 삶의 원동력이 되어 더 큰 도전

을 시작할 용기를 주었고, 앞으로 하게 될 일들이 기

대가 된다.

Chapter 2.

슬아

이미 너는 너를
사랑하고 있다

잘하고 싶을수록 기회는 뒷걸음친다

진정 원하는 것이 있으면 간절하지 않아야 했다. 얻고 싶으면 이루지 못했을 때도 행복할 수 있는 용기가 필요했다. 연애 또한 간절히 그 사람을 다시 만나고 싶다면 철저히 무관심해야 했다. 정말 아이러니하게 그렇게 비켜나갔다. 간절함을 품는 순간 두려움이 숨어 들어간다. "이루지 못하면 어떡하지?" 하는 불안이 중심이 되면, 행동과 생각은 경직된다. 마치 몸이 굳은 상태에서 운동을 하면 다치는 것처럼, 부자연스러운 범위에서는 일이 풀리지 않고, 원하는 결과와 점점 멀어진다. 몸과 마음이 다치지 않기 위해서는 유연성 필요하지만, 스스로 만들어 내는 것은 쉽지 않다. 잘하고 싶지만, 삶은 우리에게 늘 결과를 요구하고, 속도감 있는 성취 속에 집어넣기를 반복한다.

태어났을 때, 신은 세상이라는 판 위에 80억 개의 다른 각도로 우리를 올려놓았다. 국가, 부모, 성격에 따라 모두 다른 시선을 향해있다. 당연히 느끼는 것도 다르고, 보여지는 것도 다를 수밖에 없다. 때로는 자주 보이는 그것이 재능이라고 착각한다. 단지 시선이 다를 뿐이다. 목표라는 것도 그 일부에서 펼쳐지는 것이다. 그렇게 이유 없이 주어진 대로 세상은 보여진다. 다만, 풍요로운 마음을 가지면 선물처럼 각도는 조금씩 넓어지지만, 집착할수록 다시 좁아진다. 그리고 각자 범위가 다르다는 것을 인지하는 순간 우리는 세상의 판에서 자유로워진다. 그러니 큰 의미를 부여하지 말자. 고난은 찰나로 느끼기에 고통스럽고 긴 시간일 테지만, 힘듦도 기쁨도 들어오고 나가는 순간일 뿐이다.

지금의 결과는 곧 떠나갈 폭죽 같은 것이니 결과에 집착하거나 기대하지 말자. 그 순간 그리고 그날에 감사하면 그만이다. 이렇게 다른 시선을 인정하면 유연성이 생기고, 편안하게 나를 놓아둘 수 있다. 늘 이루어진 결과가 나의 삶에 있는 것처럼, 그렇게 평온한 마음으로 이어가려고 노력하게 된다.

간절함에 매몰되지 않는 내 자신이 어느새 아름답게 느껴진다. 이루어지지 않아도 나의 삶에 아무런 문제가 없다는 것을 깨닫게 되면, 나는 여러 길 중 하나를 가고 있을 뿐이라는 것을 알게 된다.

천천히 가면 어떠한가? 결국엔 목적으로 가고 있다는 것만으로도 대단하고 소중하다. 우리는 서두르지 않는 여정을 즐기고 있다. 원하는 것을 이루는 것도, 관계를 맺는 것도, 모두 시간 속에서 서서히 이루어지는 것들이다. 내가 서둘러서 이루어진 것들이 얼마나 유지되고 있는지 생각해 보자. 간절함에 매달리기보다는 여유와 유연함을 가지고 나를 대할 때, 우리의 삶은 1년에 1도씩 원하는 모습대로 여유를 부리고 있는 듯 보일 것이다.

천천히 가면 어떠한가?

결국엔 목적으로 가고 있다는 것만으로도

대단하고 소중하다.

우리는 서두르지 않는 여정을 즐기고 있다.

원하는 것을 이루는 것도,

관계를 맺는 것도, 모두 시간 속에서

서서히 이루어지는 것들이다.

나에게 마음 내어주기

나와 닮은 존재를 싫어하면서도 상대가 다른 의견을 표현하면, 은근히 섭섭하거나 상처받는다. 빡빡하게 살아야 한다고 자신을 몰아가면서도, 여유 없는 사람과 관계를 맺고 싶지 않다. 처음 만남 그리고 새로움은 늘 흥미롭다. 실망이라는 단어는 멀게 느껴지고, 서로의 차이를 매력으로 느낀다. 하지만 얼마 지나지 않아 나와 안 맞다는 이유로 갈등이 생기고, 나와 잘

맞아서 기쁘다가도, 어느 순간이 되면 그 상황에 싫증이 난다. 도대체 어쩌라는 것인가?

우리의 마음은 복잡하고 미묘해서 자신을 아는 것 같다 가도 내가 나를 제일 모른다. 열심히 마케팅을 해서 매출을 끌어올리다가 갑자기 돌아선 소비자의 마음 같다고 할까. 이렇게 마음이 왔다 갔다 한다고 해서 판매 데이터처럼 수치로 뽑아 분석할 수는 없지만, 한번쯤은 마음을 조각내서 들여다보자.

퇴근 후에 상사에게 프로젝트 확인차 전화를 받았다. 평소 같으면 중요한 사항이니 당연히 궁금할 수 있다고 이해했었지만, 신나는 저녁 약속을 향해 가고 있는 도중에 상사 전화를 받으니 왠지 기분이 상한다. 곰곰이 생각해 보니 요즘 따라 전화를 더 많이 하는 것 같다. 내가 그렇게 못 미더운가. 전보다 더 열심히 일하고 있는데 이 정도의 연봉이 적당한 건가 싶다.

같은 연차의 친구들은 매년 수직 연봉 상승률을 갱신하는데, 이러다가 언제 결혼하고 언제 집사고 평균 사람들의 삶을 따라나 갈 수 있을까 모르겠다. 뭔가 잘못되어 가는 것 같다. 상사 전화에서 시작된 생각이 비교의 삶으로 이어진다.

이렇듯 우리는 감정에 따라 어떻게 받아들이고 다루느냐에 따라 같은 상황이라도 다르게 느껴진다. 전화가 불편하다고 느끼는 순간, 프로젝트에 대한 생각은 사라지고 불만만 남는다. 하지만 불만이 남아있는데 방향을 틀어 긍정으로 직진한다고 해서 해결되는 것이 아니다. 이러한 생각들이 이어지는 것 또한 자연스러운 것이다. 갈등이 없는 곳이 없고, 계획대로만 되는 하루도 없기 때문이다. 사람들과 관계를 맺으며 겪는 갈등과 불편함은 스스로를 이해하는 과정 속에 놓인다. 때로는 갈등의 상대가 나를 비추는 거울이 되어 내가 어떤 사람인지 적나라하게 보여 주기도 하여 놀라기도 하지만, 이런 과정 속에서 내가 무엇을 원하는지 깨닫게 해 준다. 그러니 나에게 편안하게 마음을 내어주자. 그리고 소심하고 초라하다고 우울해 하지 말자. 그 속에서 나오려고 노력하는 과정에서 나타나는 일시적인 현상일 뿐이다.

시기 질투 때문에 나오는 열등감을 숨기려고 하지 말자. 숨기려 할수록 다른 방식으로 분출된다. 그리고 열등감은 드러내는 순간 사라진다. 그렇게 조금만 내려놓고 자연스럽게 가다 보면 내가 바랐던 그곳에 와 있을 것이다. 쉽지 않지만 유머로 승화시키면 그 순간은 오롯이 내 것이 된다. 잘못을 했으면 사과하면 그만이고, 모르면 모른다고 하면 그만이다. 오늘 기분이 그냥 그러했다면 감정이 그런 날일 뿐이다. 그럼 집에 와서 뒷일을 생각할 것도 없이 즐거운 시간을 보낼 수 있다.

완벽한 관계나 좋아 보이는 자신을 기대하지 않기로 하자. 실망하고 갈등하고 좌절하고 그 안에서 내가 되는 모습이 놀랄 때도 있겠지만, 더 나은 내가 된다고 생각하자. 그리고 감정을 받아주고 내어주자. 변화하고 흔들리는 것도 괜찮고, 중심을 못 잡아도 된다. 어른이라고 해서 모두 심지가 굵어야 하는 것도 아니다. 비포장도로에서 차가 흔들려도 갈 길만 가면 되는 것 아닌가. 나를 이해하는 과정은 길고 미묘한 과정이니 천천히 하자.

알 수 없는 나의 모습을 안아주는 것은 내면이 강한 사람만이 할 수 있는 멋진 과정임을 기억하자.

변화하고 흔들리는 것도 괜찮고,

중심을 못 잡아도 된다.

어른이라고 해서

모두 심지가 굵어야 하는 것도 아니다.

비포장도로에서 차가 흔들려도

갈 길만 가면 되는 것 아닌가.

나를 이해하는 과정은

길고 미묘한 과정이니 천천히 하자.

엉뚱한 곳에서 스위치를 켜라

요즘 일이 풀리지 않고 몸도 마음도 나약해지니, 나의 판단은 조금씩 어긋나간다. 어긋나며 생기는 불안감은 생각을 구속한다. 갑작스레 동생이 일본에 가서 전시를 같이 보자고 하니, 가족들에게 미안한 마음도 있었지만 반복되는 일상을 벗어나, 떠나는 것만으로도 무언가 변화를 가져다줄 것 같은 기대가 생긴다. 이기적이라는 생각을 떨쳐버리며 항공편을 뒤지기 시작했다. 이곳저곳을 검색하다 보니 갑자기 나는

5년 후에 무엇이 될까 하는 생각이 들었다. 항공권 검색과 나의 5년 후는 아무런 관련이 없는데, 반복되는 일상의 단어에서 다른 단어로 옮겨 가는 순간, 엉뚱한 곳에서 스위치가 켜졌다. 조금씩 레벨업하는 16년째 직장 생활이 꽤 괜찮다고 생각했는데, 뒤돌아보니 색이 있는 리더가 되고 싶다는 목표와는 다른 곳에 있는 나를 본다. 집단을 맞춰 나가려는 과정에서 오히려 무채색이 되는 것은 아닐까? 5년 후에는 회색 조직에서 몸집이 조금 커진 블록이 되겠구나 하는 생각이 든다. 나 자신을 잃어버리지는 않았지만, 마음이 흘러넘치지 않도록 조심스럽게 그리고 어긋남을 맞춰가고 있었다. 불안감이 생기는 것은 당연했다. 하지만 아이러니하게도 그 불안감이 무엇인가 단단하게 만들어 주는 느낌이다. 삶이란 어쩌면 이렇게도 복잡하고 얽혀 있는 모습을 받아들이는 과정의 연속일지도 모른다.

떠난다고 해서 모든 답을 찾을 수는 없겠지만, 가끔은 나에게 잠시 거리를 두는 것이 필요해 보였다. 한발 물러서서 나 자신을 바라볼 수 있는 기회가 될지도 모른다.

일본의 거리와 전시회를 돌아다니며 분명 다른 시각에서 현 모습을 돌아볼 수 있었다. 여행은 늘 그랬다. 집을 떠나 낯선 곳에서 마주하는 세상은 언제나 나에게 새로운 생각의 실마리를 남겨주었고, 그 과정에서 하고 싶었던 것들이 자연스럽게 튀어나왔다. 그러나 여행이 아무리 많은 가능성을 열어주더라도, 생각을 행동으로 옮겨 싣지 않는다면 결국 같은 자리에서 같은 고민을 반복하게 될 뿐인 것을 깨달았다.

우리는 여행에서 얻은 통찰력을 삶에 적용하기를 원하지만, 현실에 바로 녹이는 것은 쉽지 않다. 일상의 복잡함은 여전히 우리는 둘러싸고 있고, 그사이에

억지로 춤을 추는 것은 흥겹지 않다. 이렇게 열정으로 시작되어 현실과 악수하면서 마무리가 된다. 엉뚱한 스위치를 올리는 것은 신나는 일이었지만, 실천을 통해 내면화될 때 비로소 삶의 일부가 된다. 작은 것부터 하자. 책상에 앉아서 자신에 대한 응원의 문구를 하나씩 심는 것만으로도 나는 다음 달이 달라질 것이고, 엉뚱함이 변화를 줄 것이다.

떠난다고 해서 모든 답을

찾을 수는 없겠지만,

가끔은 나에게 잠시 거리를

두는 것이 필요해 보였다.

한발 물러서서 나 자신을

바라볼 수 있는 기회가 될지도 모른다.

남의 집주인 이야기 들어보기

우리의 능력이 무엇인지 알기도 어렵지만, 한계 또한 파악하기 어렵다. 이럴 때면, 오늘은 이 주인과 이야기를 나누고, 내일은 다른 집에 가서 내 의견을 얹어 보며 많은 주인들을 만나 생각을 확장해 본다. 이 과정에서 한계와 능력을 자연스럽게 느끼게 되는데, 그것은 바로 책 읽기다. 마치 책 속 주인공의 집에 초대받은 손님처럼 느껴진다. 대화를 나누다 보면 그 이야기 위에 내가 서 있다. 자연스럽게 다른 사람의 성공이나 실패를 보면서 나를 본다. 때로는 비교의 거울 앞에서 자신의 모습을 편집하거나 왜곡되게 바라보며, 불필요한 열등감에 빠지기도 한다. 하지만, 이 과정을 반복하다 보면, 책 속 주인공의 이야기를 따라가며 나를 겹쳐 놓고 어느새 투명한 나를 보게 된다.

다양한 옵션의 성공과 실패를 경험하는 한계에 있는 우리에게, 그 경험에 대해서 이야기를 해주며 좁은 틀에서 벗어나게 해 준다.

깨달음은 잔잔한 위로가 되고, 삶을 재정비하는 기회가 된다. 때로는 미처 생각하지 못했던 아이디어를 던져 주기도 한다. 그렇게 자신을 넘어선 객관적인 나를 발견하고 고민하게 된다. 책 속의 새로운 주인공의 집을 방문하는 기분은 너무도 짜릿하여, 혼자 즐기는 설렘이 되고, 여행이 된다. 지적인 탐험은 계속 이어져 주인공을 만난 후에는 다른 주인공을 찾아간다. 그렇게 얻은 것들을 자연스럽게 삶에 녹이는 과정에서, 여정을 걸어가며 나를 만나러 가는 길임을 깨닫게 된다.

오늘도 서점에서 이런저런 집주인을 소개받는다. 책 속 새로운 집의 문을 열고, 이번 주의 여행을 준비한다. 어떤 주인공이 나를 기다리고 있을지, 그들과의 만남이 어떤 깨달음을 줄지 기대하면서.

깨달음은 잔잔한 위로가 되고,
삶을 재정비하는 기회가 된다.
때로는 미처 생각하지 못했던
아이디어를 던져 주기도 한다.
그렇게 자신을 넘어선
객관적인 나를 발견하고 고민하게 된다.

우리는 왜 노래를 끝까지
듣지 못하게 되었을까

듣는 한 구절, 바로 느낌이 와야 그 노래를 이어 듣게 된다. 처음 몇 초를 듣고 마음에 들지 않으면 곧바로 넘겨버리고, 다음 곡으로 끝없이 반복한다. 어느새 자극만 찾으러 다니는 답답한 동물이 되었다. 우리가 예전처럼 노래를 끝까지 듣지 못하는 이유는, 어쩌면 너무 많은 선택지와 자극 속에 살기 때문일지도 모른다. 듣고 싶은 노래가 있다면 스트리밍 서비스에서 검색 한번이면 끝이다. 이제 간절함 같은 건 찾아보기 어렵다.

라디오에서 좋아하는 노래가 나오기만을 기다리던 시절이 있었다. 그 노래가 나올지 안 나올지도 모르는 채, 매일 라디오 앞에서 기다림은 잔잔한 설렘이었다. 그 노래가 끝까지 나오지 않아도, 어쩔 수 없다고 생각했다. 전화 연결이 안 되어 친구와 약속이 엇갈리면, 그저 다음을 기약하며 시간을 보냈다. 그때는 내가 원한다고 되는 것이 아님을 알아서인지, 서로의 상황을 이해할 수 있는 여유가 있었다.

오랜만에 나온 가수의 앨범을 기대하면서 음악을 틀었지만, 결국 한 곡도 끝까지 듣지 못했다. 빠르게 지나가는 자극 속에서 모든 것을 가지고 싶어 하는 마음을 충족하지 못했다. 이렇게 끝없이 다음 것을 찾아

슬아

헤매는 것이, 마치 감정 없는 인간이 되는 것 같다. 사람과의 대화도 음악도 영화도 그냥 소비될 뿐이다. 과거처럼 느리고 깊게 무언가를 즐길 수 있는 틈을 잃어가는 것은 아닐까?

오늘은 운동을 하며 몸을 움직이다 보니, 자연스럽게 노래에 집중하게 된다. 심지어 처음에는 별로라고 생각했던 그 노래가 어느새 좋아지기 시작한다. 놓아버리려고 하는 순간을 흐름에 맡겨보니 매력이 느껴졌다. 한 곡을 끝까지 들어야 그 곡의 진짜 매력을 느낄 수 있는 것처럼, 삶도 때로는 천천히 음미해야 비로소 그 안의 의미를 깨닫게 된다. 세상의 속도는 우리는 밀어내고 있지만, 그것은 우리가 바꿀 수 없는 것이니, 천천히 선택하고 여유롭게 받아들일 필요가 있다. 가끔은 브레이크를 밟고 멈춰 서서 틈새를 곱씹으며 즐겨보자. 그리고 자신의 속도를 받아들이자. 그

리고 그 간격 속에서 나를 잃지 않도록 천천히 걸어보

자. 그러면 그동안 보지 못했던 풍경들을 찾아낼지도

모른다. 그것의 이름은 기회이다.

삶도 때로는 천천히 음미해야

비로소 그 안의 의미를 깨닫게 된다.

페르소나의 맛

머리를 쥐어짜며 분주하고 정신없이 보낸 하루의 끝이 되면 '진짜 나'는 무엇인지 궁금해질 때가 있다. 오늘의 나를 생각해 보자. 우리는 한 가지 모습으로만 살지 않았다. 회사에 도착하면 프로페셔널하게 지내려고 노력하고, 집에 오면 가족들에게 따뜻하고 유연한 모습을 보인다. 친구들과는 감정을 나누며 공감하고, 혼자만의 시간에는 실수를 용납하고 이해해 본다.

곱씹어 보면 아이러니하게도 가면을 쓴 듯 각각 다른 모습이 상황에 따라 자연스럽게 나온다. 이 모든 게 진정성 있는 나일까? 어쩌면 우리는 다양한 페르소나를 통해 자신을 더 깊이 이해하고 있는지도 모른다.

세상은 생각보다 수많은 경우의 수를 가지고 있고, 사람들과 관계나 상황은 수시로 변화한다. 예측하지 못한 일들이 하루에도 몇 번씩 일어난다. 이러한 옵션에 맞춰 다양한 역할을 보여주는 것은 당연한 일이다. '나는 이런 사람이다.' 라고 단정 짓는 것은 나의 다양한 색깔을 무시하고 흑백만을 고집하는 것이다.

어떤 이는 축축한 회색이 느껴지고, 또 다른 이는 대화를 나누다 보면 파란 하늘이 생각난다. 우울해지는 기분이 싫어서 축축한 회색의 감정은 피하고 싶어진다. 회색의 사람들은 복잡한 사연들도 많지만, 대부분은 같은 방식으로 세상을 원망하고 남을 깎아내리며 자신의 위치를 지켜가는 것으로 위안을 삼는다.

하루에도 수없이 변하는 세상에서 여러 가지 색을 내보일 수 있지만, 아무 변화도 없이 자신의 자리가 유지되는 것이 당연해야 한다고 생각한다.

많은 사람들과 대화를 나누다 보면 삶의 고통이 그저 그런 사람이 없다. 고통이 깊이 박힌 채 삶을 이어가는 사람도 있고 이미 고통을 빠져나온 사람들도 있고 각자 다양한 형태를 가진다. 나만의 문제가 아닌, 누구나 가진 것들이다. 물론 각자의 입장에서 보면, 그 터널을 빠져나오는 하루하루가 너무 고되고 힘들겠지만, 그것을 끌어안고 주저앉아 비를 맞으며 매일 축축한 회색이 될 필요가 없다. 소통하며 어우러지는 세상 속에서, 변화하는 페르소나를 적당히 사용하고, 다양하게 활용해야 한다.

나는 글을 쓰는 작가이자 패션디렉터로 살아간다.

회사에서 한바탕 전쟁을 치르고 오면, 지친 기색이 역력하지만, 집에 오면 따뜻한 모습을 가진 엄마가 되고, 책상 앞에 앉으면 차분히 글을 쓰게 된다. 이 모습은 각각 다른 세계처럼 보이지만, 사실 그 속에는 고유한 시각과 감각이 담겨 있다. 서로 상반되는 역할 속에 동시에 서로를 보완하고 영감을 주는 관계가 있다. 작가로만 살아갔다면 엉뚱한 생각을 하는 글이 나오지 않았을 것이고, 패션 디렉터로만 살아갔다면 내면의 목소리를 상상하며 자유롭게 들을 기회도 없을 것이다. 그리고 엄마가 아니었다면 따뜻한 감정으로 글을 쓰기 어려웠을지도 모른다.

페르소나는 외적으로 보이는 것에 비중을 두는 패션과, 내면의 이야기를 파고드는 작가라는 모습이 만들어내는 조화이다. 때로는 부정적인 페르소나가 나를 괴롭힐 수도 있고, 역할에 부족함이 느껴질 때도 있지만, 철저함 속에 내가 있을 수 없기 때문에 스스로를 너그럽게 이해하고 싶다.

감정과 선택은 자율성에서 가장 나답게 나타난다. 각자의 빛나는 색깔 속에서 다양함이 나오고, 다양함 속에서 창의적인 길이 보인다. 세상은 획일화된 세상에서 똑같은 로봇을 원하는 듯해도, 다른 것이 나오지 않으면 변화는 없다. 페르소나를 이해하는 일은 단순한 인정을 넘어, 다양한 방향으로 성장하는 과정이 될 것이다. 이러한 유연함은 여러 가지 문제를 해결하는 능력을 얻는 것과 같다.

우리는 컨베이어 벨트에 있는 포장지가 아니니까.

소통하며 어우러지는 세상 속에서,

변화하는 페르소나를 적당히 사용하고,

다양하게 활용해야 한다.

과거의 나를 죽이기

삶이 어려운 이유는 빠르게 변화하는 세상에서 멀어지고 있다는 느낌을 받기 때문이다. 멈춰 서 있다고 해서 모든 시간들의 화살을 받아야 하는 것도 아닌데, 변화를 따라가지 못하는 감정은 때로는 자신을 삼킬 만큼 커져서, 힘들게 시험장에 들어왔지만, 시험을 포기하고 싶어지게 만든다. 불행히도 세상은 그냥 흘러가게 두지 않을 뿐만 아니라, 인생 시험은 포기할 수도 없다. 더군다나 멈춰 서면 경제적으로나 정신적으로나 어려움을 겪는다. 이럴 때는 삶을 원망하고 싶고, 측은한 현재의 나를 위해 과거에 잘 나갔던 나를 붙잡고 싶어진다. 서서히 현재를 놓친다. 그렇게 어긋나기 시작한다. 무언가를 바꾸고 싶을 때는, 확실히 모든 것을 내려놓아야 한다. 비워내야지만 새로운 것을 받아낼 수 있다. 짐을 벗고 나면 시야가 맑아지고, 올바른 판단을 할 수 있는 기준이 세워진다. 그 기준을 바탕으로 우리는 새로운 선택지를 만들어 낸다. 과거를 잡고 싶어질 때, 그 속을 파헤쳐 보자. 과거에 옳다고 생각했던 것에 의문을 던질 때, 비로소 나는 변할 수 있고 진정한 성장이 이루어진다.

성장에는 전처럼 바쁘게 살아가는 모습이 꼭 필요하다는 착각이 깔려있다. 하지만 곰곰이 생각해 보자. 바쁘고 정신없이 살아가는 것이 과연 지금의 문제로부터 자유로워질 수 있는 방법일까? 절대 그렇지 않을 것이다. 바쁨은 일상이 되었고, 습관처럼 삶을 이끌지만, 오히려 알맹이 없는 반복에 구속되어 버린다. 이때 우리는 착각하지 말아야 한다. 누구의 인정을 바라고 있지는 않은지, 남들의 시선 속에 나를 상상하면서 계획을 세우고 있지는 않은지, 고민 속에 내가 있는지.

과거의 나를 버리기까지 수없이 결심하고 변화하고 싶다는 내 진심을 알아주자. 꽉 차 보였던 그 시간들을 놓아주고, 시기 질투 욕심을 환기한 그 마음부터 채우기 시작하자. 그리고 나보다 많은 것을 가진 상대를 위해 진정으로 박수를 쳐주자. 그 박수는 어떤 것보다 후련할 것이다.

만일 그 후에도 뒤처지는 것 같은 불안이 나를 놓아주지 않는다면, 불안으로 가득한 기억을 새로운 기억으로 덮어보는 것은 어떨까? 우리가 과거의 추억을 소중히 간직하는 것은, 그 기억과 그 시절 그리고 그 때의 기분이 고스란히 소중하기 때문이다. 그렇다면 불안하고 아픈 기억들도 새로운 경험으로 과거의 기억을 재구성할 수 있다. 마치 그 시절의 노래를 듣고 그 당시의 감정으로 돌아가듯이 말이다.

용기가 필요하다는 것을 알고 있다. 하지만 과거를 죽이려면, 한번은 눈을 감고 손바닥을 뒤집어야만 내면의 목소리를 들을 수 있다. 그렇게 새로운 길이 열리고, 우리는 진정으로 현재의 자신에게 고마움을 느끼게 된다.

무언가를 바꾸고 싶을 때는,

확실히 모든 것을 내려놓아야 한다.

비워내야지만 새로운 것을 받아낼 수 있다.

짐을 벗고 나면 시야가 맑아지고,

올바른 판단을 할 수 있는

기준이 세워진다.

슬아

예술 괴리감

패션 회사에 들어오는 많은 사람들은 그저 옷이 좋아서 감각의 날이 선 채로 들어온다. 모든 예술의 무늬를 가진 집단은 다 그럴 것이다. 하지만 현실은 제한된 감각 안에서 데이터를 통해 진행되고 결정된다. 시장 분석, 판매 데이터, 소비자 트렌드라는 수치로 시스템을 운영해야 하는 집단이기에, 데이터는 정확하고 냉정하며, 감정이 개입할 틈을 허락하지 않는다. 개인의 색은 충분히 배제된다. 회사는 집단에 열을 맞춰 일정하게 시스템을 굴려야 하기에, 이 과정은 어쩔 수 없다는 것을 안다.

하지만, 입사를 하면서 기대했던 창의적인 생각을 녹여 다양한 프로젝트를 해내고 싶은 에너지는 억눌리고, 정해진 프레임 안에 갇혀있는 듯이 답답하게 느껴지기도 한다. 이 과정을 통해 임해야 한다는 것을 대부분의 사람들은 모르지 않는다. 회사가 효율적으로 굴러가려면 어느 정도 일관된 기준이 있어야 하고, 그 기준 안에서 업무를 수행하는 것은 필수적이다. 그렇다 보니 회사 시스템은 개인의 이러한 창의적 요구를 인정하기에 앞서, 결과와 효율성을 우선시한다. 감정을 일에 이입하는 순간, 차갑고 건조한 벽에 막혀 있는 것처럼 느껴진다. 이 느낌이 반복되면, 스며들듯

조용히 번아웃에 빠진다.

우리에게는 시간 사이에 공간이 필요하다. 할 수 없는 속도로 밀어붙이면 의욕이 뒤집어진다. 결국 엑셀을 밟아 일한 만큼 시동을 끄고 쉬어줘야 하는 악순환이 반복된다. 그럼 이 도망가고 싶은 순간이 오면 우리는 어떻게 해야 할까?

모든 사람이 언제나 최고의 속도로 일할 수 없다. 창의적인 일을 할 때는, 가속 페달을 밟았다가 다시 브레이크를 밟고 멈추고 돌아볼 시간이 필요하다. 회사는 종종 최고의 속도로 밀어붙여 아웃풋을 뽑아내려고 한다. 그 속도에 맞춰 달려 가다 보면 초반에 인정을 받아가도, 갑자기 퇴사 선언을 하는 알 수 없는 감정 기복이 나타난다. 여기 이상은 시간이 필요하다고 말하면 될 일이었는데, 조금만 더하면 결과가 나올 것 같고 인정 받고 싶고 그 일을 해내고 싶은 욕심이 아이러니하게 점점 나를 더 비참하게 만든다.

나 또한 많은 실패를 통해, 자신의 속도에 맞춰 충전하고 회복하고 달려가는 것이 필요하다는 것을 깨달은 지 그리 오래되지 않았다. 개인이 회사 시스템을 제어하기는 어렵다. 그러므로 우리는 적당한 선에서 속도를 늦추고, 스스로 조용히 감각을 깨우는 시간을 확보해야 한다. 이 시간이 주어지지 않으면 결국 같은 과정이 반복될 수밖에 없고, 좋은 성과도 금방 잊혀지게 된다. 안 되는 것을 계속 밀어낸다고 실력이 느는 것도 아니다. 회사에 맞춘다고 나를 너무 채찍질하지 말자. 그렇게 노력했는데도 공간이 확보가 안 된다면 당당하게 이야기하자. 배려가 안 된다면 다른 곳으로 이직해도 좋다. 세상에는 생각보다 많은 기회와 방법들이 있다. 무엇보다 우리는 자신이 가장 소중하다는 것을 잊지 말자.

세상에는 생각보다 많은 기회와
방법들이 있다.
무엇보다 우리는 자신이
가장 소중하다는 것을 잊지 말자.

나를 닮은 회사

우리는 언젠가 회사를 떠나야 한다. 타인에 의해서든, 자의로든 요즘의 직장 생활을 20년을 넘기기가 쉽지 않다. 조직 생활이 피라미드 형태이기 때문이기도 하지만, 많은 정보를 간접적으로 습득하면서 세상에 회사 말고도 다양한 옵션이 있다는 것을 알기에 조용히 퇴사를 준비하는 사람들도 적지 않다. 언젠가 집단을 나와야 한다면 조직의 사다리를 밟고 올라가는 방법보다는 차별적으로 일을 찾아가면서 하고 배우는 쪽을 택하는 것이 효율적이다. 높은 하늘과 맑은 공기의 가을이 영원히 지속될 것 같아도, 지금 법인카드로 먹는 이 맛있는 음식을 또 먹을 수 있을 것만 같아노, 타이틀을 벗어나면 벌거벗겨진 채로 들로 산으로 먹이를 캐러 다녀야 한다. 진정한 서바이벌 게임이다.

얼마 전, 대기업을 떠나 작은 곳으로 이직해 스스로 기획하고 판을 벌이며 수정하는 과정을 반복할 수 있는 환경에서 일하게 되었다.

땅과 건축자재만 건네받으면, 스스로 집을 짓고 농사를 지어보고 수시로 나타나는 곤충들을 때려잡아야 한다. 온몸이 녹초가 되고 머리가 지끈거린다. 하지만, 땀 흘리는 만큼 배우는 것, 내가 일을 통제할 수 있다는 느낌은 고액 연봉 협상과는 결이 다른 희열로

다가온다. 누가 시키지 않아도 일을 항상 스스로 찾아보고 밀어붙일 때까지 생각하고 고민한다. 바로바로 수정해서 다시 복구하면 되니, 결과에 대해서 큰 죄책감도 느끼지 않는다. 자신감 또한 올라간다.

일이 잘못되더라도, 그 다음에는 좋은 기회가 몰려서 올 것이라고 믿게 된다. 월급이 적다고 생각되다가도, 지금 배운 것을 활용해 사업의 기회를 만들어 다음 단계로 이어갈 수 있다는 생각이 드니 그 또한 괜찮다.

속도를 조절하고 생각을 통제할 수 있다는 느낌은 나중에 홀로서기를 할 때 도움이 될 것이다. 일의 최고점은 내가 하고 싶은 판 위에서 스스로의 기획할 수 있다는 느낌으로 임하는 것이다.

너무 고민하지 말자. 그리고 두려워하지 말자. 두려

워서 짐을 내려놓지 못하면, 결국 그 짐에 깔려 죽는

다.

속도를 조절하고 생각을

통제할 수 있다는 느낌은

나중에 홀로서기를 할 때 도움이 될 것이다.

슬아

인플루언서

요즘은 연예인보다 인플루언서가 더 큰 대접을 받는다. 그만큼 그들의 파급력 또한 강력하다. 영향력이 있는 셀럽들은 다양한 SNS 채널을 통해 나타나며, 그들이 추천하는 상품들이 판매로 연결된다. 직업상 인플루언서들을 만날 기회가 많은데, 평범해 보이는 그들도 카메라 앞에 서면 다양한 스펙트럼으로 사람들을 사로잡는다. 그들은 더욱더 유명해지고 싶기에, 남들과 최대한 다른 모습을 보여주기 위해서 끊임없이 노력한다. 같은 모습으로는 이 시장에서 퇴화될 것이라는 누구보다 잘 안다.

과연 평균값의 세상에서 다름이라는 것을 찾아내야 한다면 그것은 무엇일까? 옆에서 지켜보면, 다름을 만들기 위해 여러 가지 시도를 하고 변화를 추구한다. 하지만 가장 중요한 것은 자신의 솔직함을 잃지 않는 것임을 느꼈다. 다음 기회와 연결시켜야 하기에, 이슈를 위해서 거짓말을 하거나 잘못된 상품을 팔지 않는다. 그들의 매출만 보고 입이 크게 벌어져서 똑같이 따라 하려고 하는 사람들도 많지만, 다름이 없다면 그 길은 곧 붕괴된다. 인플루언서들은 다름을 만들어내기 위해 자신의 여러 면을 보고 특이점을 극대화한다. 이렇게까지 해야 하나 싶을 수도 있지만, 결국 개인으로 살아남아야 하는 마케팅의 본질이다. 흐름에 맞춰

가지 못하면 스스로 살아남지 못하고, 누군가의 그늘에 숨어서 거북목이 되어야 한다. 이것은 나서서 일을 하느냐, 조용히 일을 하느냐의 문제가 아니다.

결국 가장 쉽고 오래갈 수 있는 방법은 진정성이다. 진정성 있게 다가가면 자연스럽게 마음이 통한다. 그리고 어느 지점에서 연결고리가 끼워지는 것이 느껴진다. 그리고 신뢰가 생긴다. 신뢰 안에서 판매하고 구입하는 모든 과정이 재미있게 진행된다. 매출은 떨어질 틈이 없고, 어디서나 그들을 위한 상품이 준비된다. 행여나 물건이 잘못되거나 실수가 나와도 웃으면서 교환하고 다음을 기대하게 된다. 다들 화려한 쇼를 기대하는 것 같아 보여도 마음이 통하면 작은 것도 엄청난 쇼가 된다.

이들을 보면서 많은 것을 배운다. 인플루언서가 되지 않아도, 자신을 어필하고 일인의 이름으로 살아가

야 하는 시대이다. 나를 솔직하게 꺼내어보는 과정이

불편하고 어색하게 느껴질 수 있겠지만, 긴 호흡으로

생각하며 나를 보여 주자. 지속되는 풍요로움이 성장

을 만들고, 공유하고 싶은 사람이 되어, 기회는 자연

스럽게 확장될 것이다.

결국 가장 쉽고 오래갈 수 있는 방법은
진정성이다.

제대로 사용되고 있는가

배우고 쌓고 생각하며 둥글둥글하게 만들어진 우리는 소프트한 블록이 되어 어디에 끼워 맞춰질 수 있는지에 따라 회사에 지원하고 합격하고 돈을 벌게 된다. 대부분의 사람들은 스스로 벌지 않으면 살아가기 어려운 세상속에서 일을 계산하고 만들어간다. 건어물 같은 인생도 과정이므로 불만을 가질 필요 없고, 사용된다는 말에도 거부감을 느낄 필요가 없다.

슬아

잘 사용되는 것은 현재와 맞는 곳에 쓰여지는 것이며, 돈을 버는 수단이자 자아실현의 지름길이 될 수도 있다. 중요한 것은 능력에 적합하고, 나와 맞는 곳에서 잘 쓰여져야 한다는 것이다. 남들을 기준으로 삼기 시작하면 문제가 발생한다. 나에게 기준이 맞춰진 경우에는 어떤 시련이 닥쳐와도, 상황이 변해도 견딜 수 있다. 하지만 세상이 기준이 된다면, 비교 속에서 콧바람만 불어도 쓰러지는 일이 허다하다. 마음은 나의 설정 값에 달려있기 때문이다. 나를 세우면, 자존심이 상하거나 상처를 받아도, 허락 되지 않은 기분 나쁨이기에 돌아서면 잊혀진다. 또한, 마음을 다스릴 수 있는 여유는 자연스럽게 따라온다. 그러니 나에게 관대하고, 이해를 베풀자. 그렇게 힘을 기르고, 근육을 단단하게 키워나가는 것이다.

삶은 나의 의지와 없이 태어난다. 의미도 삶을 가

치 있게 살기 위해 만들어 가는 것이다. 그러니 기준은 없다. 기준 자체가 없으니 세상을 이겨내는 것을 두려워하고, 다른 사람의 눈으로 나를 찾을 필요가 없다. 나의 쓰임은 내가 정하는 것이다. 삶은 자신이 가진 자원에서 재료를 찾아내고, 쓰임을 찾아내는 과정이다. 내 마음이 지금 외치는 소리를 한 번만 들어보면, 전조증상이 있는지 마음이 우울하지는 않은지 느낄 수 있다. 그래야만 세상에 수많은 불쾌한 유혹으로부터 나를 지켜낼 수 있다. 세상의 흐름에 맞춰 산다고 바쁘다고 나를 찾는 시간을 가장 뒤로 미루지 말자. 나를 살리고 죽일 수 있는 사람은 나 하나뿐이다.

다른 사람의 눈으로

나를 찾을 필요가 없다.

나의 쓰임은 내가 정하는 것이다.

동정과 나약함 그리고 관계

사람마다 성향이 다르고, 인내의 깊이도 다르다. 하지만 단단한 겉모습 뒤에는 누구나 여리고 예민한 양면성을 가진다. 벼랑이 아슬아슬하게 보이기 시작하면 마음은 나약해지고 동정을 구하고 싶어진다. 마음이 흘러내리면 거름종이 없는 솔직함을 노출하며 자신의 처지에 대해서 이해를 구하게 된다. 동정은 일시적으로 상대에게 감정을 일으키지만, 결국 불편함을 만든다. 친구 관계에서도 만남 후에 왠지 모를 껄끄러

운 감정이 시작된다면, 점점 연락이 뜸해지고 어느 순
간이 되면 생각하고 싶지 않아진다. 서서히 나의 데이
터에 답답함으로 기록된다.

사람들은 한탄보다는 그것을 극복하기 위해 열심히
노력하는 사람에게 호감을 가지고, 나약함에 대해 불
편을 느낀다. 그런 상황을 같이 고민할만큼 마음의 여
유를 내어줄 사람들도 한 두번 뿐이다. 역설적이게도
정보의 풍요 속에서 많은 사람들이 원하는 것은 말랑
한 감정으로 소통하고 안아주는 것들이다.

결국 세상에 기대지 않고, 정서적으로 상위에 있는
사람들과 관계를 가지고 싶어 한다. 그들에게는 많은
이들이 관계를 맺기 위해 기다린다. 그만큼 기회도 많
아지고, 기회 속에서 정서적으로 경제적으로 풍요로
움을 가진다. 본능적으로 사람들은 그들에게 끌린다.
또한, 정서적으로 안정된 상태이기 때문에 기가 막히

게 조심해야 할 사람을 알아본다. 하지만 그것은 단숨에 만들 수가 없다. 풍요로운 척 하는 사람들은 결핍과 열등감으로 자신의 탑을 쌓는다. 기회 앞에 수수깡 탑은 바람 몇 번이면 순식간에 무너져 내린다. 사람들은 불편한 그곳을 더 이상 찾지 않는다. 풍요로움은 자신의 기준이 확실한 사람에게 찾아온다. 수없이 변화하는 상황과 내 뜻대로 되지 않는 세상 속에서, 자신을 원망하지 않고, 얼마든지 있을 수 있는 일이라고 생각하며 유연하게 대처한다. 이 기회 앞에서 다른 모양으로 변화하면서 기대하고 다음을 기다린다.

혼자 일어설 수 있는 때가 되면 놓치고 실패해도 그 다음 단계 또한 스스로 만들 수 있다.

세상 앞에 초조하지 않은 사람은 없다. 스스로 마인드를 어떻게 조정하느냐의 차이가 있을 뿐이다.

한탄보다는 그것을 극복하기 위해

열심히 노력하는 사람에게 호감을 가지고,

나약함에 대해 불편을 느낀다.

미래의 나를 소환하기

인생이 늘 그렇듯이 예측을 벗어나는 이벤트가 계속된다. 변화로운 시간 속에 과연 내 미래가 어떻게 되어있을지 궁금해진다. 살아봐야 만날 수 있는 미래의 나. 실패와 성공을 반복한 어느 시점에 놓여 있다. 그 과정을 겪으면서 분명히 지금보다는 침착하고 성숙한 모습을 가지고 있을 것이다.

인생은 과거 현재 미래의 짜임으로 이루어진다. 매

를 들다가도 안아주며 눈물을 흘리던 엄마, 환하게 웃어주시던 초등학교 선생님, 다시 처음부터 해오라며 호되게 혼내던 직장 상사, 월급에 빠져 억지로 성실함을 만들었던 날들, 넘어져도 다시 할 수 있다고 말하던 아빠, 책을 읽다가 떨림에 잠겼던 감동의 순간들이 짜여 지금의 내가 되었다. 변화를 결심한 사람에게만 다양한 무늬의 짜임이 허락된다.

지나가면서 부족하다고 느끼는 것은 나를 찾아가는 여정이며 결국 찾을 것이라는 신호이다. 너무 걱정하거나 조급해하지 말자. 앞길이 보이지 않아도 지금 걷고 있다면, 그 길이 멋들어진 짜임이 될 것이고, 내가 고개를 들어 웃기 시작하면, 손을 내밀어 줄 사람들이 보일 것이다. 미래에 잘될 것이라 생각하지 않아야 할 이유가 없다.

그전에 우리는 과거와 대화를 나눌 필요가 있다. 과

거의 나와 풀지 못한 것이 있다면 미래에도 짐으로 딸려 올 것이다. 서툴러 실수를 반복했던 지난날들, 그리고 남들과 비교하며 나를 원망했던 단어들이 있다면, 그것들을 빈 종이에 적어 읽어보고 과거의 나를 이해해 주자. 애초에 초보자가 잘할 것이라고, 성과를 낼 것이라고 밀어붙인 것이 무리일 뿐이다. 첫술에 배가 부르면, 메인 메뉴를 제대로 즐길 수 없다. 과거의 나와 미래의 내가 따뜻한 마음으로 손을 잡을 것이라는 확신이 있다면 오늘의 삶이 꾹꾹 채워지는 기분을 느끼게 될 것이다. 과거의 부족했던 나를 따뜻하게 바라봐주고 웃어주자.

지금 이 순간에도 삶을 차곡차곡 쌓아가고 있다면, 이미 꾸준함을 유지하고 있는 것이다. 그런 자신에게 파란 하늘을 쥐어주자. 나를 바라봐주는 미래를 향해 우리는 오늘도 묵묵히 걸어가고 있고, 삶에 무너질 만큼 우리의 과거는 허술하지 않다.

살아봐야 만날 수 있는 미래의 나.

실패와 성공을 반복한

어느 시점에 놓여 있다.

그 과정을 겪으면서

분명히 지금보다는 침착하고

성숙한 모습을 가지고 있을 것이다.

나를 재구매할 기회를 찾아서

대학교에 합격 하는 순간, 공부는 다시는 하고 싶지 않았다. 자율성 없는 학교에서 배우는 수학공식, 역사 연표, 영어문법 등이 너무 지겨웠기 때문이다. 하지만 직장을 들어가기 위해 또 다시 공부를 해야 했다. 세상살이는 참 쉽지 않다. 이렇게 겨우 고비를 넘기고 이제는 이별할 수 있을 것이라고 생각했지만, 회사에서 요구하는 역량을 따라가려면 또 공부가 필요했다.

멋들어지게 보이고 싶어서 고등학교 때 영자신문을 구독했다. 동그라미를 치고 책상 위에 올려놓으면 무언가를 해낸 것과 같이 뿌듯했다. 하지만, 현실은 하위권 영어성적을 벗어나지 못했다. 몇 년 전부터 남들의 시선에서 자유로워지니 껍데기를 채우는 것은 그만두고, 진정한 배움이 찾아왔다. 경제와 사회에 대한 흐름을 이해하기 위해 틈나는 대로 듣고 읽고, 수년째를 반복하던 어느 날, 경제신문을 읽으며 고개를 끄덕이고 웃고 있는 나를 느꼈을 때 변화의 기쁨이 몰려왔다. 내가 좋아하고, 하고 싶어 하는 하는 것을 하는 것. 그것이 나를 한 발자국 더 걸어가게 만들고, 풍요롭게 만든다. 물론 시간이 필요한 일이다 보니 그만두고 싶을 때도 많았지만, 미래를 위한 것이라고 생각했다. 언젠가는 다음 직업을 위한 준비 과정이 될 수 있고, 취미와 투자가 될 수도 있다. 더군다나 하루가 다르게 변화하는 이 세상에서 다양한 경험에 기웃거려보고, 테스트하는 것은 여러 가지를 빠르게 배울 수 있는 능력을 탑재하는 것과 같다. 새로운 것을 접해보고 시도해보면 또 하나의 세상의 선과 연결되고, 변화를 받아들이면서 더 나은 나를 만들어 갈수도 있다고 생각한다. 새로운 기술을 익히는 것은, 마치 처음 가는 여행지에서 설렘으로 시작해 익숙해지고 결국 내 것이 되는 과정과 같다.

집밥을 좋아하는 식구들 덕에 거의 매일 요리를 하게 되었다. 그 덕에 자연스럽게 음식 만드는 것을 좋아하게 되었고, 블로그도 하고 있다. 새로 접한 레시피로 요리를 하다보면 엉망인 맛도 있지만, 맛있다며 신나게 먹어주는 가족들의 모습을 보면서 실력이 늘어가는 과정이 참 재미있다. 그 재미는 짜릿한 선물보다 값지다. 솔직히 경제적으로 보상받는 것처럼 달콤한 것은 없지만, 지적 호기심은 삶의 에너지를 채워주는 또 다른 옵션이다. 그리고 직업과 다른 모습으로 지루함을 버리고 더 나은 삶을 만드는데 도움을 준다. 또한, 트렌디한 마인드를 갖게 만들고, 시야 또한 확장시킨다. 시야가 넓어지면 새로운 것을 접하고 시도하는 것이 두렵지 않게 된다. 실패해도 느려도 그냥 지난번처럼 하면 되는 것이라는 자신감은 덤이다.

　기업에서 임원이 되지 않는 이상, 쉰흔 넘어서까지 회사 생활을 하는 비중은 그리 높지 않다. 하루아침에 책상이 비워졌을 때 한 번에 닥쳐올 어려움을 생각하지 않을 수 없다. 언젠가 우리는 새로운 상점에서 자신의 역량을 재구매하는 순간을 맞이한다. 낯섦을 아무렇지 않게 받아들이기 위해서는 진입장벽을 낮춰야 한다. 그동안 직장이라는 매장에서 끊임없이 요구하는 물건만 사느라 나를 진짜로 돌보지 못했던 시간들을 새로운 기회로 채울 수 있을 것이다. 우리는 배움이라는 도구를 통해 자신을 위한 물건을 고를 수 있게 된다. 그러니 회사를 떠나기 전에 새로운 시도를 두려워하지 말고 다양한 상점에서 배워보자.

사람은 고민하고 선택한 것에 무조건적인 합리화를 하게 되어 있다. 너무 시작을 고민하다 보면 아니다 싶을 때도 멈추기가 어렵다. 하지만 새로운 시도를 하면서 배우기도 싶고, 실패해도 상처자국 없이 일어설 수 있는 시대에 살고 있다. 너무 어렵게 생각하지 말자. 언제나 원위치로 돌아오고 뒤로도 가고 앞으로도 갈 수 있는 여유의 폭을 넓혀보자.

시야가 넓어지면 새로운 것을 접하고
시도하는 것이 두렵지 않게 된다.
실패해도 느려도 그냥 저번처럼 하면
되는 것이라는 자신감은 덤이다.

Chapter 3.

김지연

마인드 만들기

마인드가 인생을 결정한다

사람에게는 누구나 욕심이 있다. 다만 그 욕심이 많고 적음의 차이가 있을 뿐이다. 그럼에도 사람이 욕심이 많아 보이면 그다지 좋아보이지 않는다. 사람들은 정 있고 베풀 줄 아는 사람에게 마음이 간다. 신뢰란 베품을 통해서 만들어지는 것이다.

욕심이 많은 것은 과연 나쁜 것일까? 욕심이 많을수록 사람은 판단력이 흐려진다. 누구나 듣고 싶은 말만 듣고 싶어 한다. 크게 말한다고 들리는 것이 아니다. 관심이 있어야 들린다. 욕심이 생기면 자극적인 유혹에 약해지고 결정적인 실수를 하기 쉽다. 스스로 모든 것을 결정했음에도 결과가 나쁘면 남탓을 하게 된다. 욕심은 마인드를 약하게 만드는 요인 중에 하나다. 마인드가 약해진 채로 욕심만 많으면 훗날의 결과는 비관적이다. 그때는 아무리 정신을 차려도 이미 늦다.

열심히 노력한다고 해서 소망이 이루어질까? 운이 좋으면 될까? 문제는 마인드다. 마인드가 잘 정립이 되어 있으면 어떤 때라도 의연하게 대처할 수 있다. 열심히 노력해도 마인드가 부족하면 도루묵이 되고, 곤경에 처해 있어도 마인드가 건실하면 잘 이겨낼 수 있다. 지금 당장 일에 쫓기느라 정작 중요한 것을 놓치고 어느 날 내가 서 있는 곳이 어디인지 어쩌다 내가 왜 인생의 저편까지 왔는지 모를 때가 있다. 특히 나 혼자라고 느낄 때 다른 사람에게서 낯선 느낌을 받을 때 더욱 그러하다.

탄탄한 마인드를 가지고 있으면 타인에게 휘둘리지 않는다. 아무리 가까운 사람이라도 사람은 모두 스쳐 간다. 그러니 사람에 너무 큰 의미를 두면 안 된다. 오래 머물기도 하고 금방 스치기도 하고 평생 함께 있을 것 같았지만 어느 날 떠나가기도 한다.

그렇다고 혼자 살아갈 수도 없으니 타인에게 나를 의지하기 보다 스쳐가는 타인들이 내 곁에 있을 때 그들이 평안함을 느끼면 그것으로 된 것이다. 누구든 어깨에 짐을 지려고 하지 않는다. 누군가에게 부담을 주고 속편하고 싶다면 그 또한 마인드가 약해서다. 돈 많은 사람, 잘나가는 사람을 보면 그 사람의 말에 귀 기울이게 되고 나도 모르게 의지하게 된다.

가끔 한치의 의심도 없이 무조건 믿고 보는 경우가 있다. 이렇게 맹목적으로 믿게 되는 것은 '거짓'에서 비롯된다. 내 마인드가 약하면 타인에게 속기 쉽다. 왜 그 사람이 그 말을 했는지는 생각하지 못하고 가장 듣기 좋은 말에 홀리기 때문이다. 욕심을 버리면 인생이 좀 나아지는 이유도 그만큼 속는 일도 줄어들고 유혹에서도 많이 벗어날 수 있기 때문이다.

타인의 마인드는 평가하기 쉽다. 남이 일하는 태도를 보면 금방 알 수 있다. 또한 사람을 대하는 태도를 봐도 알 수 있다. 친절하고 깔끔한 일처리를 보면, 마인드가 훌륭하다고 생각하고 불친절하고 적반하장 식으로 대하는 사람을 보면 마인드가 틀려먹었다고 생각한다.

여기서 중요한 것이 있다. 이 정글같은 인생에서 마인드가 훌륭한 사람이 살아남는다는 것이다. 마치 먹이 피라미드처럼 마인드가 강한 사람이 살아남는다.

마인드가 부족한데 그냥 노력만 한다고 해결되는 것이 아니다.

왜 난 열심히 살았는데 되는 것이 없지?

뭐가 잘못된 건지 모르겠다.

이런 고민이 생긴다면 이제 마인드를 정비할 때다. 남들이 나로 하여금 '마인드가 진짜 괜찮은 사람'이라고 말할 만큼. 타인에게 마인드를 인정받을 정도가 된다면 상당한 역량이 갖춰진 것으로 볼 수 있다.

마인드는 스스로 노력해서 만들어나갈 수 있다. 의외로 타성에 젖어서 타인에 의해 만들어진 마인드를 가지고 사는 경우가 더러 있다. 마치 영혼 없이 암기를 하듯이. 일종의 매뉴얼만 달달 외워서는 마인드가 제대로 정립될 수 없다. 하나의 특정 마인드를 모든 사람에게 적용시킬 수 없으므로 개개인 각자 자신에게 맞는 최적화 마인드를 가져야 하는 것이다. 자신이 가지고 있는 역량과 장단점을 적용해서 말이다.

누가 봐도 한심한 사람은 많은 사람들이 걱정을 해준다. 구체적으로 방법을 제시해주기도 한다. 하지만 오답이 없는 모범생의 그늘을 바라봐주는 시선은 적다.

'저 사람은 잘 하니까 자기가 알아서 하겠지. 가르칠 게 뭐 있어? 오히려 다른 사람이 배워야지.'

이렇게 관심에서 멀어진다. 그래서 좋은 스펙을 가졌음에도 낙오가 되는 일이 생긴다.

눈 앞의 일처리를 완벽하게 하는 것 이상으로 중요한 것이 자신의 마인드를 탄탄하게 구성해두는 것이다. 나다움을 찾아서 나에게 최적화된 마인드를 정립

해야 한다.

살아가면서 필요한 마인드에 관해서 이야기해보겠
다.

열심히 노력한다고 해서

소망이 이루어질까?

운이 좋으면 될까?

문제는 마인드다.

마인드가 잘 정립이 되어 있으면

어떤 때라도 의연하게 대처할 수 있다.

속지 않을 마인드

타인에게 속지만 않아도 인생의 반은 지킬 수 있다. 사람들은 대개 말로 소통한다. 너무 당연하다. 말을 듣다 보면 자연스레 관심이 생기고 설득이 된다. 잘 아는 사람이 아닌데도 설득이 되는 포인트가 뭘까? 바로 욕심을 자극하면 설득이 된다. 내 안에 있는 욕심이 활성화되면 그때부터 객관적인 판단을 하기가 어려워진다. 이득을 쫓아가려는 마음이 너무나도 앞서서 성급해지는 것이다.

욕심이 너무 많으면 안 되는 이유는, 욕심이 많을수록 타인에게 속기가 쉬워지기 때문이다. 돈은 언제 크게 잃는 줄 아는가? 돈을 많이 벌기 위해 덤비다가 많이 잃게 된다. 다른 사람이 부추기면 신중하지 못하고 그대로 믿으며 무모하게 일을 벌이기도 한다. 이는 욕심이 없으면 불가능한 이야기다.

진짜와 거짓을 어느 정도 분간할 수 있는 것만으로도 많은 화를 피해갈 수 있다. 사실 100% 진짜도 없고 100% 가짜도 없다. 무엇이든 어느 정도는 진짜고 어느 정도는 가짜이다. 다만 얼마나 내 삶에 유용한가만 있을 뿐이다.

내가 손해보지 않고 이득만 볼 수 있는 것은 거의 없다. 나에게도 니즈라는 것이 있으니 어느 정도 시간과 비용의 리스크를 감수하고 살아가야 한다. 과일을 사왔는데 돈은 들었고 사서 들고오는데 무겁고 힘들었지만 맛은 없을 수 있다. 그래도 나는 과일을 먹어야 한다. 무조건 보기에 탐스럽고 비싼 것을 고르면 맛이 없을 리스크를 피해갈 수 있는데 그러려면 비용이 너무 많이 든다. 그러니 적당히 타협해야 하는 것이다.

타인에게 속지 않는 것은 너무나도 중요하다. 속을 때는 보통 이런 일이 생긴다.

1. 확신을 갖게 된다.

2. 다른 사람의 말이 귀에 들어오지 않는다.

3. 달콤하게 들린다.

4. 과장된 예시를 들며 전문가 행세를 한다. 잘나가는 척 대단한 척을 한다. 다시 없다는 기회를 제시한다.

매사 속지 않으려면 아래와 같은 자기 검증이 필요하다.

1. 반대의 상황을 머릿속에 그려두어야 한다.

2. 상대방에 왜 그런 말을 하는지 생각해보아야 한다.

3. 타인은 자기 이득을 위해 살아가지 내 이득을 생각하지 않는다는 점을 명심해야 한다.

4. 사실 확인을 한다. (보통 사기꾼들은 허위 경력을 갖고 있다. 조회 가능한 재산 조회를 해봐야 한다.)

5. 과연 내가 감당할 수 있는 일인지 철저히 검토해야 한다.

아무리 열심히 살아도 타인에게 속아서 갖게 되는 리스크는 정말 크다. 속이는 사람을 믿을수록 그 피해는 더 커질 수 있다. 앞에 열심히 산 게 다 소용이 없을 만큼 크다. 남한테 속지 않는 것도 큰 절약이고 그 자체가 재테크다.

평소 나 자신이 어떤 사람이 확실히 알고 있으면 적

어도 내가 할 수 있는 일과 할 수 없는 일을 구분할 수 있다. 자기 자신에 관하여 잘 알지 못할 경우 돈만 벌 수 있다고 하면, 아무 일이나 덤빌 수 있다. 일을 다 벌려놓고 나와 맞지 않다는 것을 뒤늦게 깨닫게 된다.

사람을 마음을 얻는 것은 중요하다. 또한 한번 감정적으로 좋아하게 되면 계속 좋은 쪽으로 생각하게 된다. 반대로 한번 싫어하면 무슨 일이 생겨도 다 나빠 보인다. 적절히 마음을 얻고 친해지고 나서 어느 정도 라포가 형성되면서 본격적으로 사기 치기 좋은 관계가 된다. 친해지면 더 감정이 깊어져야 하는데 이때 본격적으로 교묘하게 이용하는 경우가 참 많다.

감정은 어느 때건 바로 정리되어어 한다. 추억이라는 것도 사실 소용없는 것이다. 아니다 싶으면 정신 바짝 차려야 한다. 누구든 가까이 다가올 수 있다. 동네에서 마주치는 사람, 소싯적 재미나게 놀던 친구,

형제, 지인, 친분은 없지만 어찌어찌 알게 된 자칭 전문가 등등. 같이 웃고 떠들고 즐거웠던 시간은 분명 있다. 그런데 어느 날,

'돈 좀 빌려줘.'

'내가 너 돈 좀 벌게 해줄게',

'나한테 돈 빌려주면 6% 이자 줄게.'

'이 주식 사면 무조건 대박이야.'

'원금을 묻어놓기만 하면 배당이 12%입니다.'

'너한테만 알려주는 거야. 이 부동산 대출 다 나오고 먼저 주워가는 사람이 임자야.'

'내가 선물투자로 이번에 천 만 원 벌어봐서 아는데 너 이거하면 대박이야.'

'이거 투자만 하면 너 평생 모은 돈 보다 훨씬 더 많이 벌 수 있어.'

'이렇게 하면 편하게 일하고 돈 많이 벌어가. 뭐하러

기 쓰고 출근해서 이 소리, 저 소리 들으면서 일해?'

이런 말이 나올 수 있다. 다 가깝게 다가온 사람만이 할 수 있는 말이다.

현실적으로 찌질이가 겉에 보이는 옷차림 등만 번 듯하게 꾸미고 나와서 자기 매출이 얼마며 자기 옷이 얼마 짜리며 자기가 어디에 살며 부자 행세하는 경우 가 너무 많다. 찐따가 잘나가는 척 하는 경우도 정말 많다. 그럼에도 말만 듣고 몇가지 눈에 보이는 것만 보고 많이들 속는다. 좋은 차를 타고 좋은 집에 살고, 헤픈 씀씀이를 한번 보여주면 믿게 될 확률이 너무 높 아진다. 전부 다 사실 확인이 필요하다. 절대로 이 세 상은 그렇게 쉽게 살아지는 것이 아니다.

외양간이 아니다 싶으면 소 데리고 떠나야 한다. 어 떤 때라도 소는 지켜야지. 그깟 정이 뭐라고 망설이는

가. 저런 경우는 욕도 필요없다. 세상에서 가장 한심한 소리가 이거다.

"너, 나를 못 믿어?"

이런 말 하는 것 자체가 문제다. 형제니까 믿어주고 친구니까 믿어준다고? 큰일날 소리다.

가족이라는 이유로 어떤 때라도 서로 믿고 아껴준다는, 가족이라는 이유로 너무 많은 것을 면책해주는 분위기가 있다. 피를 나눴으니까 용서해야 하는 식으로 가게 되면 너무 많은 잘못을 하게 되어 있다. 가족이라도 상황에 따라 엄벌에 처하면 적어도 많은 잘못을 하지 않을 수 있다.

이 세상에 쉽게 이루어지는 것은 아무것도 없다. 속이기 위해서 친하게 다가오는 경우가 정말 많다. 누군가에게 먼저 다가가는 건 모두에게 힘들다. 다른 사람에게 먼저 말 거는 게 쉬운 줄 아는가. 또한 그 사람의 이야기를 경청하고 공감해주는 것에도 많은 에너지가 쓰인다. 누가 나에게 관심을 가져주고 내 이야기를 잘 들어주고 듣기에 솔깃한 이야기를 해준다고 행복해하지 마라. 친절한 모든 행위도 사실은 사람을 혹하게 만들고 자기 마음대로 움직이려는 매뉴얼일 뿐이다. 먼저 다가오는 사람에게는 다 그럴 만한 이유가 있다.

외로움을 즐길 줄 알아야 한다. 그래도 배신감보다는 외로움이 낫다. 속지 않는 마인드를 반드시 탑재해야 한다. 친분관계가 생기고 이후 별다른 이슈가 없다면 친해진 사람과 행복한 시간을 보내면 된다. 정말 가장 이상적인 관계다. 그러나 문제는 삐걱거릴 때다. 본격적으로 속내가 드러날 때에는 감정의 동요 없이 웃는 얼굴에 마음 속으로 침뱉는 마인드가 정말 너무 필요하다! 사람이 좋았다가 한순간에 돌아서는 게 힘들지만 민폐를 끼치는 사람은 자신의 계획을 오래전부터 세웠다는 것을 명심해야 한다.

혹시 문제가 생겼을 때는 그냥 모든 관계를 종료하고 사라지면 된다. 억지로 인연을 이어나가려고 해서는 안 된다. 그건 상대방한테 찬스를 주는 셈이다. 인연을 끝내되 절대 싸우지 말아야 한다. 그리고 어떤 충고나 조언도 하지 말아야 한다. 그냥 조용히 슬쩍 없어지듯이 멀어지는 것이 최선이다. 누구나 사람과 사람 사이의 관계에서 마지막 모습을 길게 기억한다.

절약하지 않아서 잃는 것보다 속아서 잃는 것이 훨씬 더 크다. 명심하자.

외로움을 즐길 줄 알아야 한다.

그래도 배신감보다는 외로움이 낫다.

Chapter 3

돈이 없으면 안 사는 마인드

물건을 사려면 돈이 필요하다. 그런데 돈이 없으면서 가지려고 한다. 여기서부터 문제가 생긴다. 왜 돈이 없으면서 사려고 할까?

마트에서 물건을 살 때는 실수를 별로 하지 않는다. 가끔 충동구매를 하기도 하지만, 꼼꼼히 따져보고 고른다. 세일 기간을 공략하기도 하고 다른 마트에 있는 물건과 비교도 한다. 또한 외상이 안 된다. 현금 혹은 신용카드, 체크카드 등으로만 결제가 가능하다. 결제가 되어야 물건을 살 수 있다. 마트에서는 돈이 없으면 살 수 없다.

문제는 거액의 부동산이다.

값비싼 물건을 보다 더 비싸게 팔려고 내놓고 혹하는 사람이 다가오면 어떻게 하면 살 수 있는지 다정하게 알려준다. 상황에 따라 대출 80%로도 살 수 있다며 달콤하게 속삭인다. 자기 돈 없이도 살 수 있으니 걱정 말라며 다 사는 방법이 있다고 알려준다.

주식이든 부동산이든 자기 돈이 없이 사면 안 된다. 왜 무리해서 투자를 하려고 하는가? 투자를 안해도 충분히 살아갈 수 있다. 레버리지는 정말 위험한 것이다. 100% 현금이 어렵다면, 가능한한 최대한 레버리지는 줄여야 한다. 자신이 감당하지 못할 레버리지를 내서는 안 된다. 또한 금리는 변동폭이 있어 저금리 때는 그나마 괜찮지만 고금리 때는 정말 고생한다.

고가의 부동산을 판매하기 위해 다시 없는 기회라며 지금이 아니라면 놓친다며 남들 다 부자되는데 혼자만 그렇게 살 거냐며 달콤하게들 속삭이다. 그 사람은 어떻게든 계약 성사를 해야만 해서 어쩌다 관심이 있는 손님에게 물고 늘어지는 것이다.

물건 볼 줄 아는 눈이 있다며, 먼저 주워가는 사람이 임자라며 온갖 말로 현혹을 해도 돈이 없다면 사지 말아야 한다. 보통 그런 핫한 물건의 실체는 안 팔리고 또 안 팔리고 또 안 팔린 물건이라고 봐도 된다. 진짜 좋은 매물은 내게 올 가능성이 매우 적다.

주식 투자도 그렇다. 내일 대박난다는 종목이 있어도 돈이 없으면 신용매매해서는 안 된다. 현금으로 사도 떨어지면 뼈아프다. 시간이 지나면 회복 단계가 오긴 하지만 그렇지 않은 종목도 많다. 한번 빠지고 영원히 안 오르는 종목도 있다. 그런데 신용으로 산다고? 그러면 반대매매의 쓴맛을 보며 도리어 돈을 크게 잃는 형편이 된다.

돈이 있어도 잘못 사는 경우가 많다. 작은 것부터 큰 것까지. 잘못 사서 낭패보는 경우가 많다. 그런데 돈도 없으면서 그냥 비전이나 미래가치만 보고 산다고? 뭘 믿고? 전문가의 말? 전문가가 아니라 판매자의 말이다.

다년간의 노하우로 작성된 매뉴얼의 덫에 빠지면 안 된다. 이탈하는 고객을 잡기 위한 모든 준비가 되어 있다.

이렇게 스스로 체크해 보자.

내가 그렇게 역사에 한 획을 그을 만한 대단한 사람인가?

갑자기 벼락부자가 될 필요가 있을까?

깜짝 놀랄 만큼 좋은 운이 저절로 굴러들어올 수 있을까?

세상 사는 게 그렇게 쉬운 일인가?

스스로 찬물을 끼얹는 생각을 하면 이성을 찾을 수 있다. 그러면 그 달콤한 말이 얼마나 허황된 말인지 깨달을 수 있다.

이 세상에 대박은 없다. 소위 대박이라고 나서는 것들도 사실 정확한 사실 확인이 필요하다. 물론 상위 0.01%의 대박은 있을 수도 있다. 그런데 그건 크게 도움이 안 된다. '그냥 운 좋으니까 좋겠어요.' 하면 된다. 남들 후기 보고 따라하는 것은 정말 조심해야 한다.

하루하루 주어진 일에 최선을 다하며 묵묵히 살아가는 것이 최고다. 성실한 사람에게 모든 것은 돌아간다. 작은 성취에도 스스로 감사할 수 있게 된다. 사람은 사명감이 있어야 한다. 그래야 절제가 되고 어리석은 욕심을 부리지 않는다. 어차피 아무리 허영심에 찌들어도 진짜 손에 넣는 건 거의 없다. 세상의 이치다.

돈 많은 배우자 만나면 호강하며 살 것 같지만 현실은 또 안 그렇다. 정말 잘난 사람이라면, 또 어디서 누군가가 나타나 빼앗아가려고 한다. 사람이란, 그간 얼마나 애틋한 시간을 보냈건 상관없이 한번 뒤돌아서면 끝이다. 혹은 그 '잘난 배우자'가 자신의 잘난 점을 내세워서 오히려 나의 삶을 갉아먹으려고 든다. 그러니 남한테 의지해서 얻으려고 하면 안 된다. 판매자인지 전문가인지 구분도 안 되면서 맹목적으로 믿으면 안 된다.

돈이 없으면 사지 마라. 돈이 없는데 꼭 사고 싶은 물건이 생겼다면 그 물건의 가격표가 잘못된 것이라고 생각하라. 그 물건 가격의 끝자리 0을 하나 빼면 그게 정상가라고 생각하라. 잘못 표기된 가격표의 물건을 사서는 안 된다. 안 사면 아무 일도 안 일어난다. 내가 살 수 있는 물건을 사면 된다. 진짜 내 삶에 유용하고, 내 인생의 일부가 되어 진짜 '내 것'이 되는 것은 내가 충분히 살 수 있는 가격을 가지고 있다. 그리고 어느 날 허황되게 가격이 내려가는 일도 없다. 진짜 내 것은 긴 시간을 가지고 천천히 우상향을 한다.

하루하루 주어진 일에 최선을 다하며

묵묵히 살아가는 것이 최고다.

성실한 사람에게 모든 것은 돌아간다.

작은 성취에도

스스로 감사할 수 있게 된다.

걱정하지 않는 마인드

살다 보면 생각지도 않은 일이 생긴다. 살면서 무슨 일이 생길 지 예측을 할 수 없고 그러다 보니 걱정이라는 것이 생긴다. 걱정은 상당히 소모적인 감정이다. 기분 좋은 것도 아니고 해결책을 제시하는 것도 아니다. 걱정이 깊어지면 마음 속의 큰 어둠이 된다. 걱정보다는 안심이라는 단어가 훨씬 더 이롭다. 누군가가 안심시켜 줬으면 좋겠고 그래서 꼬리를 물고 이어지는 이 걱정을 그만두고 싶어진다. 그러나 누구도 해결해줄 수는 없다.

걱정한다고 달라지는 것은 없다. 그냥 걱정하는 상태가 스트레스일 뿐이다. 걱정 자체를 해소시킬 수 없다면 이렇게 하면 된다.

걱정이란 안 좋은 상황을 상상하는 것이기에, 무슨 문제가 생겨도 잘 해결해나가겠다고 생각하는 것이다. 그러려면 용기가 필요하다. 어떤 문제가 생겨도 당황하지 않고 유연하게 처리할 수 있다는 노련함이 있다면 걱정을 해소시킬 수 있다. 대처하는 데 어려움이 있어 걱정부터 하게 되는 것이다.

대처를 할 때도 다른 사람에게 의존해서는 어렵다. 스스로 대처해야 한다. 대처를 잘하는 방법은 사실 사람을 많이 만나보고 사람에 관해서 잘 알면 유리하다. 또한 사람과 사람 사이의 본질에 대한 통찰력이 있으면 더욱 좋다. 결국 사람들이 원하는 것, 그리고 해결하는 것은 매우 단순하니까.

하나의 걱정이 사라지면 새로운 걱정이 생기기 마련이다. 그러니 가시같은 사소한 트러블들과는 공존한다고 생각해야 한다. 무슨 일을 처리할 때는 그것이 순조롭게 되지 않을 것도 예상하며 가장 합리적이고 편한 방법을 모색해두어야 한다. 사람은 혼자 살아갈 수 없기에 함께 하는 어느 한 사람만 마음이 변심하면 변화는 크게 일어나기 마련이다. 평생은 약속한 부부도 중도에 헤어지고 함께 일하던 동료도 어느 순간 떠나간다. 건강했었는데 큰 병이 들기도 하고 본의 아니게 장애가 생기게 된다. 반려자가 떠나고도 다 사는 방법이 있고 혼자가 되어서도 행복해지는 방법은 있다. 그러나 배우자가 떠나갈까봐 갑자기 몸이 아플까봐 동료가 배신할 까봐 걱정하지 않아도 된다.

어떤 문제가 닥쳐도 잘 해결하겠다는 용기가 있다면 걱정이 상당히 사라질 수 있다. 내가 나를 지켜주겠다는 믿음과 유연한 소통 능력이 있으면 얼마든지 잘 해결해나갈 수 있다.

걱정이란 안 좋은 상황을 상상하는 것이기에, 무슨 문제가 생겨도 잘 해결해나가겠다고 생각하는 것이다. 그러려면 용기가 필요하다.

원망하지 않는 마인드

이 세상에 좋은 결과만 있을 수는 없다. 사실 살면서 좋은 결과를 보기가 어렵다. 매번 인생이란 선택의 기로에 놓이는데 아무리 고민해도 최상의 선택을 하기란 어렵다. 왼쪽으로 가든 오른쪽으로 가든 길은 비슷하다. 그럼에도 늘 망설인다.

누구나 살면서 마음의 상처를 안고 산다. 그러다보니 삶에 만족하지 못할 수 있고 그 분노의 화살이 원망으로 치닫는 경우가 있다.

내 마음이 울적한 이유, 내가 크게 상처받았던 순간을 떠올리며 그와 연관된 특정 인물을 원망하기 쉽다. 남탓을 한다는 것은 나를 면책시키는 일이 되기 때문에 습관이 되기 쉽다. 또한 일을 그르칠 때마다 주변 인물들을 탓하며 소모적인 시간을 보낼 수 있다.

원망이란 악순환의 핵심 포인트다. 스스로를 면책시키는 가장 원시적인 방법 중에 하나다. 내 탓이 아니면 마음이 가벼워지는가? 어떤 사람은 자기가 남을 때려놓고도 맞은 사람을 원망하는 이가 있다.

원망도 습관이다. 원망하는 습관이 있다면 반드시 버려야 한다.

사람은 잘 변하지 않는다고 하지만 원망하지 않는 것만으로도 엄청나게 변할 수 있다. 누군가가 원망스럽다면 그건 그 사람이 싫어서 그런 것이다. 만일 그 사람을 무척 사랑하고 아낀다면 설령 그 사람 탓이라고 해도 원망하지 않는다. 왜냐하면 원망하면 그 사람이 상처받을 테니까.

진짜 진솔한 조언을 해주면 원망을 듣고 달콤한 거짓말을 해주면 관심을 받는다. 현실적으로 그렇다.

혹시 주변에 당신을 원망하는 사람이 있는가? 당신을 원망하는 사람과는 손절을 해야 한다. 남의 원망을 들어줄 필요가 없다. 모든 인생의 책임은 자기가 지는 건데, 중요한 선택은 자기가 해놓고 선택에 대한 책임을 남에게 지우는 사람은 비전이 없다.

인생의 큰 브레이크를 거는 것은 원망이다. 그런 소모적인 감정 따위 버리고 앞으로 나아가자. 앞서 마음에 안 드는 일들도 결국은 내 탓이다. 내 탓이라고 스스로 생각하면 지금 당장 개선할 점이 바로 생각난다. 새로운 방법으로 새롭게 시작하자. 만일 또 마음에 안 든다면 또다른 방법을 생각해내면 된다.

융통성이 중요하다

살아가면서 좀 버겁고 힘들어야 정상이라고 생각한다. 지금 너무 행복하고 즐거우면 뭔가 잘못된 것이라고 생각한다. 행복이라고 하는 것은 대개 착각이다. 열심히 살고 내가 할 수 있는 능력치 이상을 좀 넘어서면 버겁다고 느낀다. 남한테 말 못할 가시 같은 고민 하나 둘쯤 마음 속에 품고 살아야 늘 긴장하며 살 수 있다. 하나하나 해나가면서 안정적인 삶을 살아가게 된다. 반면 지금 너무 행복하고 기쁘다면 어쩌면 엉뚱한 데 한 눈 팔고 있는 것일 수도 있다. 마음이 그저 편하기만 하다면 게으른 신뢰라는 것에 갇혀 진짜로 봐야 할 것으로 보지 못하고 살 수도 있다.

가장 힘들고 귀찮은 일을 잘하는 사람이 되어야 한

다. 그것에 능숙해지면 점점 두려움이 없어진다.

사람은 누구나 실수를 한다. 또한 매사에 완벽할 수가 없다. 세상에 통상적인 정답이라는 것은 정해져 있지만 내가 그것에 전부 부합하며 살아갈 수 없다. 완벽할 수록 살아갈 길이 안 보일 수 있다. 오답에 인생의 진리과 가치가 있을 수 있다. 인생은 내가 선택해서 살아가지만 나는 운명을 정할 수 없다.

그러니 무조건 완벽을 위한 길만 찾아가지 말고 나만의 미로가 나만의 지도가 될 수 있도록 내가 서 있는 위치에서 나만의 새로운 길을 만들어야 한다. 그러려면 융통성이 필요하다. 그리고 내게 던져진 내 삶에 대한 적응력이 필요하다.

가장 힘들고 귀찮은 일을

잘하는 사람이 되어야 한다.

그러면 두려움이 없어진다.

완벽할 수록 살아갈 길이 안 보일 수 있다.

오답에 인생의 진리과 가치가 있을 수 있다.

인생은 내가 선택해서 살아가지만

나는 운명을 정할 수 없다.

의지하지 않는 마인드

혹시 외로운가? 아무도 내 마음을 알아주는 이가 없는가? 듣기 좋은 말을 해주는 사람이 없는가? 그렇다면 적어도 당신은 안전하다. 조금 구박받고 조금 대우받지 못해도 어디선가 일하고 있다면 사실 다신은 평생의 자양분을 확보하는 중이다. 그러니 지금 타인과 자신을 비교하지 말고 그냥 아무 생각없이 정진하라. 좋은 대우를 받지 못하고 있다는 건 적어도 누군가에게 속지 않고 있는 것이다.

누구나 일터에서 처음 일을 배울 때 참 어렵다. 그 벽 하나만 허물면 그 다음에는 새로운 길이 열리는데 좌절을 맛본다. 사람 싫은 데 배겨나기가 참 어렵다. 막막함을 느끼고 1년 내 퇴사, 2년 내 퇴사, 커리어를 바꾼다. 일을 배울 때 대접이라는 것을 받으면 안 된다. 혼나야 하고 꼽 받아야 하고 상처 받아야 하고 울어야 한다. 그래야 제대로 배운다. 가르쳐주는 사람이 밉고 원망스러워도 감사하게 생각하면서 모든 것을 나의 에너지로 빨아들여야 한다. 지금 그 선배는 자기가 몸으로 체득한 귀한 자기만의 노하우를 나에게 풀고 있는 것이다. 오직 사회 생활에서만 배우는 귀한 노하우들. 사회생활 오래 한 사람과 그렇지 않은 사람은 실로 차이가 크다.

진짜를 배우려면 듣기 좋은 말, 다정한 말 같은 걸

기대하면 안 된다. 혼나고 구박받고 그래야 얻는다. 듣기 좋게 이해하기 좋게 내 비위 맞춰가면서 해주는 말은 사실 나를 위한 말이 아니라 내 머리 위에 올라서서 나를 사실상 인형처럼 움직이는 말이다. 지나고 나서 진짜 고마운 사람은 사실 어색한 관계가 되어 훗날 고맙다는 인사를 하기도 머쓱하다. 물론 도움을 준 사람이 정녕 나를 위해서 한 게 아니라 지멋대로 행동한 것일 수도 있긴 하지만, 어쨌든 사회생활에서 얻을 수 있는 귀한 노하우는 호되게 얻어지는 것이다.

힘들고 막막할 수록 누군가에게 의지하고 싶어진다. 그러나 그것은 정말 위험하다. 사실 아무도 의지하면 안 된다. 누군가 나를 위해 말해주고 나서줄 거라고 생각하면 안 된다. 그리고 어떤 기대를 해서도 안 된다. 기본적으로 누구나 나를 위한 움직여주지 않는다. 오히려 성큼 어깨를 내어준다면 경계하고 의심을 해야 한다. 듣고 싶은 말을 하면서 호기심을 자극한다면 당장 멀리해야만 한다.

누구한테도 의지하지 않는다는 마인드가 생기면 설령 당장 어떤 어려움이 몰려와도 그냥 돌파하게 된다. 나 스스로 어떻게 일어나지 않으면 방법이 없다고 생각하면 용기가 생긴다. 누가 도와줄 거라고, 누가 봐줄거라고 생각하면 나약해져서 물러나게 되고 포기하게 된다. 일이 잘못되면 스스로를 면책시키고 남탓으로 돌리는 악순환은 인생에 아무런 도움이 되지 않는다.

인생의 귀한 가치는 고난에 있다. 고난 속에서 나만의 꽃을 피우고 그 향기와 색깔로 인생을 아름답게 한다. 그 꽃이 온전히 나의 것이든, 나의 고난도 오직 나만의 것이다. 그러다 보면 어느 새 나는 누군가가 믿고 의지하는 사람이 되어 있다. 타인이 나에게 의지를 한다는 것은 그만큼 나에게 책임감이라는 것이 자라 있기 때문이다. 사람은 책임감이라는 것을 완전히 장착할 때 진짜 온전해진다. 책임감이 내재되었다는 것은 인생의 고난을 훌륭하게 극복하고 성숙했음을 의미한다.

내가 이 업계에서 자리 잡는 것이 중요한가? 아니면 당장 상사의 따가운 말 한마디가 하루 종일 머리를 맴도는 게 중요한가? 스스로 노력하지 않고, 대하기 어려운 상사에게 밥 사주고 술 사주면서 대충 모면하고 싶은가?

진짜로 실력을 키우고 싶은가. 실력은 높은 산 위 끝자락에 소나기를 다 맞고 비치는 무지개 그 높은 언덕에 있는 것이다.

인생의 귀한 가치는 고난에 있다.

고난 속에서 나만의 꽃을 피우고

그 향기와 색깔로 인생을 아름답게 한다.

그 꽃이 온전히 나의 것이든,

나의 고난도 오직 나만의 것이다.

김지연

가능성 없는 건 버리는 마인드

가끔 안 되는 일을 가지고 깊게 고민할 때가 있다. 방법이 있을 것 같지만, 사실 안 되는 일에는 똑부러진 방법이 없다. 그러니 그런 일을 가지고 감정을 태울 필요도 없고 시간을 버릴 필요가 없다. 과감히 내려놓고 아쉬움을 남기지 않는 것이 가장 현명하다.

고민이 생기면 그 자체가 괴롭기 때문에 빨리 빠져나올 궁리를 한다. 어떤 이들은 자신이 가지고 있는 고민에 관해 다른 사람이 아주 속시원한 해결책을 내놓길 바란다. 보통 자기 생각이 분명치 않은 경우가 그러하다. 하지만 타인을 통해서 답은 얻을 수 없다. 타인에게서 듣고 싶을 말을 하게 만들고 그것을 정답이라고 믿는 건 어리석다.

끊임없는 고민을 만들어내는 건 보통 답이 정해져 있다. 바로 그만두라는 정답.

안 되는 일에 걸리면 보통 이런 흐름이 생긴다. 쎄한 기분이 들고 하나하나 원활하게 이루어지지 않는다. 걸리적거리는 것이 많고 기분도 나쁘다. 그러면서 스트레스에 갇히게 된다.

생각보다 안 되는 일에 대한 집착은 크다. 때로는 인생의 목표를 안되는 일에 거는 경우도 있다. 진실로 자신이 원하는 길이 아님에도 안 되는 일을 포기하지 못한다. 인생에 직접적으로 부딪히고 헤쳐나갈 용기가 없으면 그렇게 된다.

혹시 지금 가로막힌 길에 있는가? 그 길을 버리지 않으면 인생이 미로가 된다. 깊이 들어갈수록 출구를 찾지 못하게 된다. 전화 받지 않는 사람에게 다시 전화하지 말고 답이 없으면 문자 보내지 말고. 서너번 합격 못하면 그만두고 매일매일 사는 게 지옥같으면 차라리 사표 쓰는 게 답이다. '내것'이 아닌 것을 탐하지 마라. 뭘 그렇게 끝까지 해보지도 않고 중간에 포기하냐고 묻는다면, 인생에 재미난게 얼마나 많은데 그런 초라한 몇가지를 가지고 허비를 하겠는가. 이 세상에서 즐겁고 재미난 게 너무 많다.

진짜 연이 닿으면 무엇이든 수월하고 잘 풀리고 그 속에서 보람과 행복도 느낀다.

혼자라도 다 사는 방법이 있고, 멈추고 그만두어도 다 살아가는 방법이 있다. 인생의 문이란 끊임없이 열린다. 유한한 인생에서 손절을 하고 다른 곳에서 익절하는 전략이 필요하다. 인생 전체의 실현손익이 중요한 것이다.

수렁 속에 빠지느냐 새로운 출구를 찾느냐는 스스로 선택할 있다.

강물을 보라. 깊숙한 곳부터 얕은 곳까지 무수한 물고기를 품고 있지만 강물은 언제나 제 갈길을 간다.

이 세상에 좋은 게 너무 많아서 안 되는 것도 쉽고 간단히 버릴 수 있다.

혼자라도 다 사는 방법이 있고,

멈추고 그만두어도

다 살아가는 방법이 있다.

인생의 문이란 끊임없이 열린다.

나를 위해 산다는 마인드

인생을 살아가면서 다른 사람을 위해 살아간다고 생각할 때가 있다. 나와 가까운 누군가를 위해서 내가 행동하고 노력하며 살아갈 때가 있었다. 예를 들면 가족을 위해 살아간다고 가족을 위해 일하고 가족을 위해 노력하고 가족을 위해 헌신하며 살아간다고 여길 때가 있다. 사랑하는 사람을 위해 인생을 살아간다고 여길 때가 있다. 사랑이란 감정은 좋을 때는 어찌나 따뜻한지 사랑이 세상 전부인 것 같다. 그런데 가족이라고 해서 아무리 가까워도 가족이 나 자신이 될 수는 없다. 모든 관계는 언제든지 멀어질 수 있다.

어떻게 모든 것이 내 마음 같이 돌아가고 내가 상대방을 아껴준다고 그 사람도 나를 아껴줄까? 남에 대한 애착과 관심이란 사실 얄량하다. 그 사람과의 관계가 삐끗해지면, 모든 것이 허망하고 허사로 돌아가게 된다. 지금껏 무엇을 위해 노력했는지 뭘 위해서 이토록 살아왔는지 한심해지기까지 하다. 가족을 위해 더러워도 참고 일하고 견뎠는데 정작 가족은 나의 이러한 노고를 알아주지 않는다면? 타인과의 관계가 유연할 때만 의미가 있다면, 그건 어쩜 크게 잘못된 것이다. 그러면 너무나도 어이없게 허사로 돌아가는 일이 너무 많아진다.

사랑했던 이와 헤어지고 나면 추억이고 뭐고 감정

적으로도 힘들고 시간도 아깝도 돈도 아깝고 다 아깝

다. 그런데 이렇게 생각하면 달라진다. 누군가와 함께

해도 모든 시간이 그 사람이 아닌 모든 나를 위한 시

간이었다고 생각하는 것이다. 단지 그 사람만 떨어져

나갔는데 그 고귀했던 시간들까지도 다 버릴 필요는

없다.

　아무리 사랑해도 그 사람을 내 인생에 중앙에 세워

서는 안 된다. 진심도 아니면서 남의 인생에서 중심에

서려는 사람이 참 많다. 사람이야 왔다갔다 하는 것이

다. 그리고 이득에 따라 움직이기 때문에 붙잡는 건

불가능하다. 갈 사람은 결국 다 간다. 갈 사람은 마음

속에 어떤 생각을 품고 떠나가겠는가. 그 사람은 근시

안이고 냉정하다. 가족이라고 늘 내 편이 아니며 결이

다를 수 있고 근본적으로 섞일 수 없을 수도 있다.

　위급한 상황에서 자기만 살겠다고 도망친다면 이

기적이라는 비난을 들을 수 있다. 그만큼 다른 사람이 나를 알아서 지켜주겠지, 막연한 기대속에 사는 것이다. 다른 이가 나를 위해 기꺼이 희생해준다면 감동도 받고 마음이 따뜻해지기도 할 것이다. 누군가의 희생을 그저 미화해서는 안 된다. 모르는 사람이 위기에서 도와줄 수 있어도 아는 사람이 도와주는 경우는 잘 없다고 생각한다. 누군가가 나를 지켜주고 챙겨줄 거라는 기대 자체를 하지 말아야 한다. 다들 자기 살기 바쁘다.

나는 인생에서 가장 힘들고 어려울 때 정말 지독하게 혼자였다. 사람으로부터 큰 배신을 당했다. 주변에서 고립되어 혼자가 되었고, 혼자가 된 김에 더 노력했고 그래서 다 극복하고 이겨냈다. 만일 남한테 의지했다면 타인의 마음에 관해서 기대는 마음이 조금이라도 있었다면, 아직도 그 수렁에서 벗어나지 못했을 것이다.

인생에서 내 마음대로 되는 것은 별로 없다. 하지만 모든 것을 타인이 아닌 나 자신을 위한 행동이라고 두고 살아가면 관점도 달라진다. 그 누구를 위해서도 아닌 나 자신을 위한 모든 행동. 그러면 시간이며 돈이며 아무것도 안 아까워진다. 또한 사람에 관해서도 스트레스를 안 받는다.

남을 위해 살면 그 사람과 앞으로 어떻게 될 지 몰라 뭔가 성의가 부족해지지만, 나를 위해 살면 매사에 성의를 다하게 된다. 남을 위해 살면 어느 순간 와르르 포기해버리고 싶어질 때도 생기지만 나를 위해 살면 그 어느 것도 포기하지 않는다. 어떤 이는 엄마를 위해서 공부한다고 한다. 그게 진짜면 반드시 언젠가는 후회할 것이다. 사랑이란 아름답지만 이용당하기 쉬운 감정이다. 상대방을 위하는 일이 결국 나 자신을 위하는 길임을 알게 되면 그 사람을 위해서가 아니라 나 자신을 위해서 유연하게 대처할 수 있다.

사람은 변하지 않는다. 마음은 잘 변한다. 그건 그 사람의 자유다. 그러니 사람 사이의 관계 속에서 큰 의미를 두지 마라. 오늘 봤어도 10년 뒤에 안 볼 사람이 수두룩하다. 갈 사람에 대해 많은 기대를 할 필요가 없다. 하지만 친절하게 배웅해줄 수 있다.

나는 내가 하는 모든 것을 내가 원해서 한 일이라고 정의했다. 나 하나만 내 삶에 중심에 두면서 많은 고민을 해결했다. 맛있는 음식을 먹으러 가면서 동행자가 아닌 오직 나만을 위한 시간이라고 생각했다. 누군가에게 대접하는 게 아닌 나 자신에게 대접하는 거라고 생각했다. 가끔 아름답게 나 자신을 꾸미는 일도 오직 나 자신을 위한 일이라고 생각했을 때 더 부지런해질 수 있었다. 나를 배신하지 않는 이는 오직 나밖에 없다. 그러니 아무것도 허사로 돌아가지 않았다. 매순간 진짜로 즐길 수 있게 되었고 행복할 수 있게 되었다. 내가 운동하는 것도 나를 위한 것, 내가 일하는 것도 나를 위한 것. 내가 노는 것도 나를 위한 것. 가족을 위해서 어쩌구 아닌 오직 나를 위한 것.

타인은 절대로 내 마음대로 안 된다. 그러니까 안 맞으면 지워버려야 한다. 그럼에도 누군가가 자신을 위해 살아주길 바란다. 남의 삶에 중심에 서고도 사실 책임감도 별로 없다. 내 마음과 타인의 마음은 언제나 다르다. 잃어봐야 깨닫는 게 사람의 정이라던가. 정말 내가 잘해줄 때는 평가받지 못하는 것이 정이기도 하다.

아무리 사랑해도 그 사람을
내 인생에 중앙에 세워서는 안 된다.
진심도 아니면서 남의 인생에서
중심에 서려는 사람이 참 많다.
사람이야 왔다갔다 하는 것이다.

당신의 마인드가 당신의 미래다

초판 1쇄 발행 | 2025년 1월 30일

지은이 | 허정호, 슬아, 김지연
펴낸이 | 김지연
펴낸곳 | 마음세상

외주편집 | 김주섭

출판등록 | 제406-2011-000024호 (2011년 3월 7일)

ISBN | 979-11-5636-602-7(03190)

원고투고 | maumsesang2@nate.com
블로그 | blog.naver.com/maumsesang

값 17,200원